AQUARIUS

AQUARIUS

AQUARIUS

AQUARIUS

Vision

一些人物，
一些視野，
一些觀點，
與一個全新的遠景！

闇黑情緒

接納憤怒、憂鬱、焦慮、嫉妒、羞愧、絕望、恐懼，
你會更茁壯與強大

邱淳孝（心曦心理諮商所所長與心理師）著

【特別企劃一】

26個因應暗黑情緒的方式

當我憤怒，怎麼辦？

對於「害怕憤怒」的人：

・能說，就不會做。
・練習憤怒，增加戰鬥經驗。

壓抑憤怒，反而會讓憤怒變成帶有毀滅性的行為，因此練習合宜地用語言表達憤怒，藉此樹立你的原則與界線，反而能讓別人懂得尊重你。

對於時常被憤怒控制的人：

・保持憤怒——但降低破壞性，保持關係。
・完成憤怒的目的——自我保護，減少衝動。

憤怒是好的，憤怒裡的「破壞性」才是真正的罪魁禍首。所以若你時常被憤怒控制，你需要優先管理「傷害對方」、「同歸於盡」的衝動，這樣，才能保護自己，以及保護那些你愛的人。

當我憂鬱，怎麼辦？

・停止反芻式自我傷害。
・微調「月亮」與「太陽」的比例。
・接納自己現在的狀態。

憂鬱的核心是反覆地「自我虐待」，也就是向內的「自我攻擊」：拿鞭子的人是自己，被鞭打的人也是自己。

因此接納現在這個不完美、讓自己不滿意的自己。提醒自己，除了最糟糕、災難的部分之外，還有其他的「例外」，這能有效幫助你面對憂鬱。

當我焦慮，怎麼辦？

- 打破自己的焦慮上癮循環。

※尋找「刺激源」。

※替代行為。

- 學習「不用腦」——「活在當下」。
- 讓自己「不要」做好萬全的準備——培養自信。
- 將焦慮視為「興奮」。

焦慮最惱人的部分是具有「成癮性」，你以為當你焦慮地做好萬全準備，就不會失敗、不會失控，但這反而讓你被焦慮折磨，卻又離不開焦慮。

因此面對焦慮的關鍵，在於打破內在這個「必須完美」的信念與循環，用更具有建設性的方式面對未知。

當我羞愧與罪惡，怎麼辦？

．從「羞愧」移動到「罪惡」。

．知恥，但不羞愧。

．承擔能承擔的，接納改變不了的。

罪惡感推動我們補償與修復，羞愧讓我們想把自己藏起來。因此面對羞愧與罪惡最具有建設性的方式，就是「承擔起責任」。讓新的自己，慢慢更新過去那個不滿意的自己。

當我絕望，怎麼辦？

．區分憂鬱與絕望的不同。

．當你放棄——打敗自己的，其實是你自己。

・願意努力面對的你，本身就是有價值的。

・尋找「例外」經驗。

絕望讓人逃避、退縮，陷入一個絕望的孤島。然而「習得性的無助感」，雖迴避了失敗與挫折，但也讓你失去了改變的機會。

記得：「可以被打倒，不要被打死」，只要站起來，比倒下來多一次，那就會讓你的人生有未來與新的可能性。

當我羨慕／嫉妒，怎麼辦？

・將投射出去的力量，收回自己身上。

※直問內在恐懼。

※減少把自己放上「比較」的機會。

・用羨慕超越自己，用嫉妒建設關係。

・適當區分「想像」與「真實」。

・表達「脆弱」與「連結」，而不是「攻擊」與「控制」。

羨慕與嫉妒的對象往往是「別人」，但羨慕與嫉妒的核心，其實與自卑感及自我價值有關，因此把重心回到自己的匱乏感，用羨慕超越自己，用嫉妒建設關係，你更能感覺到你的成長與力量。

當我恐懼，怎麼辦？

・區分「想像」與「真實」的恐懼——恐懼循環的四個階段。

1過度想像。

2恐懼的反撲：搜尋線索。

3癱瘓或加速失敗。

4恐懼的根源：第一個記憶。

・直面恐懼

1思考最糟糕的結果，但不被其控制。

2挑戰自己的害怕——一百天恐懼挑戰計畫。

3洪水法與系統減敏感法。

4小結——訓練你的恐懼肌肉。

・改編你恐懼的故事。

・增加自信——練習自我肯定。

恐懼是因為未知，有許多想像，就像恐怖箱在揭曉謎題之前，最令人害怕，殊不知那只是一隻無害的絨毛娃娃。

所以克服恐懼的方式，就是直面你最害怕的事情。透過嘗試與冒險，你才能感受到，其實你擁有面對恐懼的力量！

【特別企劃二】

降低自我傷害的5個練習

1 高強度有氧運動。

根據科學實證研究，運動會分泌腦內啡與多巴胺，直接改變你的大腦狀態。高強度有氧運動更能讓你正當地宣洩能量，恢復身心平衡。

2 深吸慢吐。

呼吸也同樣能直接改變生理機制，降低壓力皮質醇，啟動放鬆的副交感神經。然而，呼吸的重點不在於「深」，而在於「慢」。當你放慢速度，把重心回到身體感官，自然可以得到深刻的「平靜」。

3 替代自我傷害的其他發洩。

※握冰塊。
※用橡皮筋彈自己、用指甲掐自己。
※「畫出」自己的傷口。
※不與他人互動的情況下，發洩對人的不滿。
※用力地哭。

自我傷害許多時候都是「衝動行為」，事後會帶來後悔。因此若用一些替代自我傷害的其他發洩，讓自己不留下永久性的傷害，或引起自責與羞愧，能有效度過「自我傷害的危險高峰期」。

4 數數。

轉移注意力是處理情緒的方法之一，然而若用電視、手機等高強度的刺激，有時反而會有被影響與擾動得更厲害的風險，因此，透過「數數」轉移注意力，讓一切簡化，反而能夠更純粹地幫助你安定下來。

5 誘發感官。

※視覺。

※聽覺。

※味覺。

※嗅覺。

※觸覺。

※正念——從一顆「葡萄乾」開始

當你還是個嬰兒時，不會說話、不會思考，你就已經用你的感官，在與世界連結。所以透過誘發不同的感官，能夠幫助你回歸身體最原初的感官力量，找回你與自己身體的連結。

【推薦序】

暗黑情緒，可能是源自過去的傷害

／王俸鋼（彰化基督教醫院司法精神醫學中心主任）

多年前曾看過一部由皮爾斯．布洛斯南和蘇菲．瑪索主演的007系列電影《縱橫天下》（The World Is Not Enough），其中有一個反派角色，相當的引人注意，因為他全身沒有了痛覺，因此當起殺手，幾乎天下無敵。而同樣的設定，在《龍紋身女孩》系列中，另一位反派身上也出現過。當然也不是只有反派，一部印度電影《跳痛先生》（The Man Who Feels No Pain）就把這樣的人物設定為好人主角。由於不怕痛，所以幾乎不被這樣的感受所限制，他們在電影中就像獲得了某種超人能力般的，可以做到常人做不到的事。

聽起來似乎令人羨慕？在看著這樣設定的電影時，幾乎所有人都無條件的接受了這類的「超人」觀點。畢竟對多數人來說，疼痛幾乎與一切傷害有關、是一種令人難以忍受的枷鎖，我們一般人本能的就想逃避任何疼痛，也會因為各種疼痛而屈服。

但真正的狀況是，這類「無痛症」的人，有百分之二十活不過三歲，就算撐過了這個關卡，絕大多數也都會在二十五歲之前死亡。

何以如此？答案不難想像，因為痛覺雖然讓所有人都厭惡，但它卻是保護人類免於遭受重大傷害、協助幫忙復原、幫忙人類牢記，並避免再次創傷的最重要幫手。沒有痛覺，人沒有辦法在正經歷致命傷害時，做出各種即時的自救與迴避的反應，而多數人就算在他人的幫助下，僥倖躲過一、兩次死亡的威脅，也還是無法學會害怕、學會逃避各種具有嚴重傷害性的事物，像小心刀具、避免燒燙傷等，最終多數人仍不免因各種意外而提早走向死亡。

反過來說，人人都追求的快樂情緒，很多時候，也會給人帶來嚴重的傷害。世上的毒品種類繁多，但它們的共通點，都是透過化學結構誘發人體的愉悅反應，讓使用過它們的人不斷的沉迷其中。但這樣的愉悅背後，完全沒有快樂情緒本來所應該擁有的正常與現實基礎，它不是來自你的任何一種現實上的自我實現或成功，而單純只是透過外力攝入的化學物質，騙過了你執掌快樂的神經系統而已。類似的，還有一種特殊的躁症患者，他們躁狂狀態的症狀，常常以極度的快樂為核心，因為絕對的自信、亢旺的精神，做出像毫無節制的借錢購物、狂放的性濫交等任何一般人都會害怕負面後果，而多所自我約束的逸樂行為。雖然當下充滿了幸福感，但最後還是要面對各種脫序行為，對自己和他人所造成的嚴重後果。所以我們也可以看出來，快樂的功能，確實是趨動人類行為的重要推力，但如果那樣的快樂與現實脫節，這種人類趨力所引導出來的，最終都只會變成當事人的悲劇。

黑格爾曾說過，凡存在即合理。在人類身上，多數存在的功能是千萬年自然演化下來的結果。它們的存在，其實都有著維護生命的特定功能，但重點是不能偏廢，必須達到一定程度的平衡，必須針對現實，發揮其正確的功能、目的。而人類的情緒，就是其中最需要達到平衡的功能之一。在台灣這種多元文化和價值交錯，但多數人又還在混亂夾縫中求生存的社會中，我認為邱淳孝諮商心理師的這本書，在情緒的平衡上，為我們指出一條很值得參考的道路。

「黑」作為顏色的概念，其實是中性的。它可以承載著優雅與氣質，但作為與偏見接壤的顏色，它也常被各種人類的文化賦予不少負面的形象。史派克．李執導的電影《黑潮麥爾坎》（Malcolm X）就有這樣的一段，主角在獄中面對著啟蒙的獄友，拿著字典去比較「白」與「黑」的概念時，赫然發現黑色與白色，竟然可以在英語世界裡包含著貶與褒的反差。

在這樣的狀態下，用「黑暗情緒」來替代「負面情緒」是很有意思的用法。因為這正是我們直面這種人類固有，且重要情緒的第一步。我們確實排斥、討厭黑暗情緒，但它本質上並非負面，就像痛覺，它的存在有其功能面的意義。接著本書從文化的觀點，帶著讀者檢視這種被視為個人的、私密的情緒成分，其實不能不從社會的角度來看待，這更是協助了習慣被「反求諸己」的文化觀點所挾持的狀態下，真正踏出尋求人、我平衡的重要關鍵。

接著，邱心理師循序帶領著讀者分別檢視憤怒、憂鬱、焦慮、羞愧／罪惡、絕望、嫉妒與恐懼等暗黑情緒，解析它們的構成，讓讀者能夠在理性的層次上，看透暗黑情緒如何在人類身上運作，並提出面對這些暗黑情緒，讓它們的功能得到正常發揮的方法，這讓我們可以很有準備的面對正身處其中，或未來即將要面對的各種暗黑情緒的挑戰。

接著本書又帶著讀者回顧各種可能的「過去」。一如面對疼痛，就像不是每一種痛都可以揉一樣，人類常常會有很多本能的自我保護反應，這些反應並非沒用，但在某些狀態下，卻也不見得是最佳的方式。暗黑情緒也是如此，**很多時候，我們已經本能的採取了自我保護的措施來面對海嘯般的暗黑情緒，如邱心理師所提的「隔絕」，但這樣的方式，也有可能是另一種問題的根源，而這些源自過去傷害所產生的傷疤，也在本書中得到了很好的處理**。

最後邱心理師再度呼應了本書一開始的角度，畢竟文化講的就是人、我之間，而暗黑情緒除了在過去、未來會直接影響到我們之外，也會透過他人間接的影響到我們，面對他人的暗黑情緒，同樣也是個必須正視的問題，理解暗黑情緒如何產生了人性中的惡，會讓我們從中看清，並預測各種可能的人際傷害的軌跡。

最後本書做了相當好的總結，在清楚了解了暗黑情緒在自己的過去、即將的未來和人我之間的平衡觀點後，提出了幾個面對暗黑情緒時相當好的方法，個人相當推薦。因為將暗黑情緒標記為全然負面，就像是追求永遠處於不會疼痛的麻醉狀態一樣，是不必要，而且危險的；正確的方式，是追求暗黑情緒的正常功能發揮，而本書就是這樣一本相當好的參考書籍。

【自序】

原來，這就是活著的感覺嗎？

「要我寫情緒主題？我能寫嗎？」當寶瓶的編輯提議要我寫關於情緒的主題時，這是我的第一反應。

我接著說：「慕姿會不會更適合寫這個題目？」慕姿是我的好朋友，也是我的工作夥伴。在我與她相處的經驗中，認為她是個很善於與情緒相處的人，而我有時候，反而是對情緒比較鈍感的。

「我相信你，你能用你的方式，寫出屬於你的風格的書。」編輯這樣淡淡地一句話，給予了我相信與肯定，開啟了我與這本書的緣分，也讓我想起，我與我的情緒多年的歷史。

從沒被聽見的情緒

有讀過我第一本書的讀者或許還記得，在我從小到大的成長經驗中，我是一個身體上被完善地照顧，但心理上卻有些匱乏的孩子。

我的爸媽在那個經濟起飛的年代，非常地忙碌。他們很愛我，但他們卻沒有太多時間，去陪伴我、理解我、回應我。

不同於台灣家庭中大多數的孩子，很多孩子會因為大哭大鬧而被斥責，被父母覺得「不乖」，久而久之，就「學會」壓抑或貶抑自己的情緒。

相比之下，我沒有太多因為情緒被罵的經驗。聽起來很棒，是嗎？但對我來說，我會感覺自己連「被回應」的經驗「都沒有」。

可能是因為父母真的太忙，再加上我天生對於情緒的反應強度很弱，即使我有一些不開心，我也只會用非常平淡的方式表達出來，所以就更不容易被身邊的大人注意到。

在我的記憶中，即使我孤單寂寞、害怕難過，我都感覺，身邊並沒有一個我熟悉、可信任的大人，在我的旁邊，聽我說話。所以我在小的時候，就在心中默默地下了一個潛意識的結論：

「就算我表達情緒，我想也不會有人注意到我吧。」

無奈的是，這種自我忽略，這種沒有太大情緒起伏的樣子，在大人的眼光中，叫做「乖巧」——我可以在幼稚園的年紀，搭十幾個小時的飛機，但不哭不吵不鬧——我的「乖巧」讓我的爸媽很安心，甚至很驕傲。但這種樣子的「乖巧」，卻讓我在無形之中付出代價：我更被鼓勵成為一個沒有感覺的人。我自己都忘記，原來我也只是個有需求、需要人陪伴、有情緒的孩子。

認識情緒，像是學習陌生的語言

這樣「乖巧」的我，一直到了青少年，約莫是國、高中的階段，開始出現一些莫名的憂鬱情緒。我的憂鬱情緒很強大，但卻不知道從何而來。我開始發現我與身邊的同儕或大人，都有很明顯的距離感。而最有距離感的對象，其實是我自己——我發現我完全不認識我自己。

所以我開始問自己一個問題：「我是誰？」在青少年時期，我只知道我不快樂，但不知道我為什麼不快樂。帶著對於自己的模糊與困惑，我開始對自己感到無比的困惑與好奇：「我，為什麼會長成這個樣子？」

因著這個對於自身的問號，我在大學走上了心理學這條路。

還記得在我最早期開始接觸助人工作時，我幾乎沒有相關的情緒詞彙。我像是學習第二外語一般，做一些土法煉鋼的練習：我拿出上面充滿十幾個情緒形容詞的學習單，去背誦那些情緒的名詞，嘗試分辨「悲傷」與「惆悵」的區別、「憤怒」與「微慍」的不同。

有一次，我的督導問我，我對於合作夥伴的評價時，我認真思考了一分鐘後，我只說得出：「他……很好。」「好」是我在那時候，所能想得到最貼近我心裡感受的形容詞了。

一開始認識情緒的我，就像是個不懂魔法的麻瓜，也像是去到一個語言不通的國家一般，我感到非常陌生，甚至惶恐。

開始與我的情緒「接觸」

我意識到我很不懂我自己，我與我的情緒很陌生，所以我開始練習認識我的情緒，然而前面提到的練習都是停留在「認知」上的學習，而沒辦法「走心」。

在我面對其他人時，我可以「推論」或「觀察」出你「大概很難過吧」的結論，但我沒辦法真的感同身受地「感覺到」，在你身上的情緒。

我沒辦法懂其他人的情緒，是因為我也不懂我自己的情緒。

後來，我愈來愈清楚，我過去那些沒來由的痛苦，是因為我活在一個沒有「感覺」的世界裡。沒辦法感覺到自身情緒的我，整個人像是個「空殼」，沒有靈魂——我只是「生存著」，但卻沒有「活著」的感覺。

我開始很努力地，去追求一些「經驗情緒」的體驗，所以我學習完形治療、心理劇，或做個別諮商，試著去找回、喚醒，我自己的情緒。

還記得在某一次的課堂上，我經歷了一場對我來說攸關重要的心靈手術。當時的心理劇導演賴念華老師，一開始用了各式各樣的方法，試圖去接觸我的情緒，但我都像喝醉，還是迷路一般：「不知道欸，就沒有什麼感覺……」後來，賴念華老師在某個關鍵點問我：「你一直都是這樣子的嗎？讓自己沒有感覺……」

在那一瞬間，我首先感覺到自己的胸口熱熱的，眼眶濕濕的，但我不知道我怎麼了，也無法真的掉淚。

有一股能量往上衝，但我又本能性地把這股能量往下壓。那種難以言喻的感覺，讓我有點興奮，但更多的是因為陌生，所以害怕。

帶著這些無比混亂的感覺，接著，我用盡我全身的力氣，從喉頭擠出一點點的聲音說：「對……」

在講出那個「對」字之後，我內在好像有些什麼我說不清楚的東西，變得不太一樣了。我可以感覺到我的內在，原本有著厚厚一層包裹住我的情緒隔絕保護罩，那個保護罩終於裂開了一點點的縫隙，透進了一絲絲的光線與空氣。

在賴念華老師挑戰我的那個當下，我感覺到很深地被懂、被穿透、被挑戰：「原來是我自己，讓我自己沒有感覺的。」

好像有一些枷鎖、封印，在那一瞬間，慢慢地開始「剝落」……

還記得那天下課後，大約是黃昏五、六點，我走到常吃飯的118巷美食街。**我第一次真正地「聽見」旁邊店家的叫賣聲，以及「聞到」撲鼻而來的炒飯味道，開始「感覺到」原來有微風輕拂過我的臉龐，我開始可以感覺到我「正在呼吸」。**

在那當下，我非常非常感動。我很清楚地意識到，那一刻，在我心中浮現一個清楚的念頭是：「原來，這就是活著的感覺嗎？」

開始「駕馭」我的情緒

在那之後，我開始真正地去整合我自己的情緒——情緒已經不再是腦袋裡的一個「概念」，情緒開始成為我的一部分。

我開始解除自己的壓抑，把破碎的自己，重新拼回來。我開始真正地體驗我的人生，我開始可以在失戀的時候哭泣，可以在我害怕衝突時，仍舊不退縮地，嘗試去表達自己真正的感覺。

其中一個幫助我非常多的方式是，去參加「無結構團體」。或許聽起來有點誇張，但我認為在團體中的體驗，改變我的人格，甚至改變了我的人生。在團體中，我練習去哭、去笑、去冒險、去憤怒。我嘗試忠誠於自己的感受，表達自己真正的感覺，捲入一段關係。在關係中待著，但不因此失去做自己。

更重要的是，我在團體裡練習，如何去「駕馭」我自身的情緒。我可以帶著覺知地，經驗我自己的情緒：我知道我現在很生氣，而我可以選擇讓自己表達生氣，而不是被情緒控制，或從生氣中逃跑；我可以在我難過時，讓自己好好地掉淚，而不需要感覺到羞愧；我可以既對一個人的一部分不滿，但同時又喜歡他身上的另一部分。

我開始打從心底真的感覺到：「在我身上的情緒，是我的一部分」，我並不能「決定／操控」我有什麼情緒，因為我不是一個機器人；但當某些情緒「發生」在我的身上時，我能夠如其所是地經驗，在我身上自然發生的所有感覺。我更知道如何理解、安頓、使用這些情緒，這讓我同時感覺到安全，更感覺無比的自由。

從認識自己開始，解除情緒封印

經歷了這一切，我發現其實我很幸運，因為我「失而復得」。

正因為我曾經經歷過那個「情緒隔絕」的階段，我非常懂我自己怎麼「讓自己沒有感覺」的，所以我很清楚地知道，當我去忽略、壓抑、隔絕我的情緒時，看似安全，但我會活成像是一個連我自己都不認識的活死人。

但我找回了我的感覺。因為曾經失去，我會更珍惜我是一個「有情緒」的人，更珍惜「活著」的感覺。

或許，拿起這本書的你，與我的經驗不盡相同，但我想你一定也在某些時刻，與自己奮戰著。但無論你是被大量的暗黑情緒折磨，又或者與我一樣，因為忽略、因為被否定，所以把自己的情緒給「封印」起來。我們都希望能夠「擁有情緒」，活得像人；但又能夠當自己情緒的主人，駕馭情緒，而非被情緒給控制。

這一路走來，超過十年的時間，驀然回首，我覺得自己很不容易。雖然不容易，但卻很值得。所以，如果你願意的話，讓我們一起開始認識，你自己的情緒；一起擁抱，你的負面情緒吧！

※本書案例皆經改編。

目錄

第二章、情緒七宗罪

目錄

第三章、潘朵拉的盒子——情緒隔絕的機制

第四章、暗黑情緒的延伸——為何人性中有這麼多的「惡」？

第五章、情緒急救手冊

第零章、序

第零章、序

第一節、暗黑情緒，如影隨形

捷運殺人犯鄭捷犯下北捷四死二十二傷血案；台大碩士學歷的男子張彥文因為求復合不成，當街砍殺女友四十一刀；一九九八年清大洪曉慧王水命案；三民國小沈姓小五男童，因媽媽沒收手機，跳樓身亡。

「自律神經失調」是最近身心科的前幾名診斷，保守估計，全台兩千三百萬人當中，應該有百萬人以上，更有報導提到，台灣每一百人中，恐怕就有三十人曾經有過明顯，但輕微、短暫的自律神經失調。至於憂鬱症號稱是二十一世紀的心理健康殺手，台灣人口兩千三百萬人，百分之八點九的人有憂鬱症，約為兩百萬人，而百分之十五的憂鬱症患者，最後會死於自殺。

社會愈來愈進步、愈來愈便利，但我們似乎沒有隨著這些進步，而感覺到更多快樂。反之，在社會上，充斥了許多混亂、痛苦、亂象。死亡、自殺、成癮、身心理疾病，每天在社會新聞上反覆播放，更在我們每個人身邊發生。

即使不是上述這些看起來好像「只會」在新聞上出現的「重大社會事件」，我們從小到大，也都經歷著大大小小的困難與考驗，帶給我們許多痛苦的情緒。

從小，被教育體制、升學制度、補習與競爭所綁架，奠定了一輩子用成績與成果定義自己的人生，但卻不知道怎麼與人相處。在人際關係上，不知道怎麼交朋友、融入人群，所以只好投入手機世界裡，依照社群網站的讚數，用虛擬的數字來避免自己感到孤獨。

談了戀愛，在親密關係裡，雙方互相折磨。一方被「不被愛」的恐懼所控制，另一方則擔心自己被控制、失去自己。進入婚姻之後要負起責任養家、教養下一代的重責大任，卻從來沒有人教你怎麼當父母，而是當了父母之後才被指責做得不夠好，毀了孩子的人生。

還有大大小小的挫折與失落，舉凡失戀、親友過世、父母爭吵，甚至離婚。自己好不容易進入一段婚姻裡，卻發現婚姻乏味得令人抓狂，剩下來的只有現實與爭吵，還有萬般無奈，頻繁興起想結束婚姻的念頭。

在萬念俱灰的情況下，陷入自我挫敗、自我否定、自我厭惡的循環裡，想著會不會是自己的問題，甚至想讓自己消失。

最常掛在嘴上的是「人生好難」，在人生最低谷想著：「為什麼我要遭受這一切」。時常幻想著自己中了樂透，遇見生命中的Mr. Right，就能拯救自己脫離苦海，但苦等了幾十年，卻發現人生到頭來還是得面對自己。相較於自己絕望的人生，更顯得社群媒體上別人的光鮮亮麗特別刺眼。當你羨慕著別人的人生，其實更顯得自己的匱乏與不快樂。

想著自己不該繼續這樣抱怨下去，但一面對重重的現實困難，更想到自己要面對從小到大的痛，還有一路長大到現在的爛攤子，想著要面對這麼破碎的自己，就覺得很羞愧、很想躲起來。

在你身邊，或許就有許多親朋好友，正在受著這些煎熬。

又或者，你自己也是載浮載沉、被生命困住的其中一員。

而上述這些故事，並不只是寫在書上的一段文字、一則故事，而是發生在一個又一個人身上，貨真價實的故事。這也都不是單一的個案，而是可能發生在每一個人身上的縮影。

這些痛苦，其實就存在這個社會上，存在於每天的日常生活，就在你、我身邊。

第二節、雖然暗黑，卻很真實

有一位朋友曾經對我說：「大家都以為我很可愛、很友善，但大家都不知道，其實我心裡常常有一些非常糟糕的想法……」停頓了一陣子後，他又繼續說：「我在心裡想著要殺死我爸爸大概有五十次以上。」「我常常想著某個討人厭的同事，恨不得他可以失敗，跌個狗吃屎，但我表面上還是會笑臉迎人。」「或是因為一件小事，我覺得自己真的是最爛、最糟糕，沒有任何人會喜歡我。我知道那不是事實，可是我在那個當下，常常停不下來。」停頓了一下之後，他繼續說：「而且，我覺得這樣子想的自己，非常糟糕……」

在我聽完這些情緒之後，我回應：「但這些感覺，都是真實的啊。」

沒錯，「雖然暗黑，但卻真實。」**「承認」這些暗黑感覺的存在，是接納自己情緒的第一**

步。

承認這些暗黑情緒的存在，不是一種無能為力，更不是一種消極抵抗，而是帶著一種欣賞自己內在情緒力量的「尊敬」。

你知道嗎？**有這些「暗黑情緒」的你，並不孤單。**

我是一位諮商心理師。在諮商室內，我有機會聽見許多人的痛苦，許多人都被這些暗黑情緒充滿。有人被心理疾病所困住，憂鬱像是黑洞一樣吸光所有的活力，而焦慮讓自己永遠都像是燃燒的火球一樣，無法真正的休息。有人說想要結束自己的生命。有人想要對於傷害自己的那個最親愛的人復仇。有人痛恨自己的父母。也有人說自己從來就不知道要如何當一個好爸媽，覺得自己糟糕透頂。

每聽一個人的故事，都彷彿跟著他進入他的心裡，感受他所感受的。

很多人會問我：「你聽到這麼多人的痛苦，你自己會不會也跟著生病？」也有很多人告訴我：「邱心理師，對不起，告訴你這些事情，給你帶來負擔與麻煩了。」也有很多人自責：「我怎麼會有這種糟糕的想法？想著要傷害自己／想要復仇／想要離開一段（不愛的）婚姻，讓我孩子的家庭不完整／或當一個振作不起來、無用的人——這樣的我，好糟糕。」

但我都會告訴對方：「不會，我很謝謝你，謝謝你對我的信任，謝謝你讓我有這個機會去認識你。」我總是發自肺腑地這麼說。

面對暗黑情緒的你，很勇敢

每當個案說出那些原本被隱藏起來、壓抑下來的真實感受時，我都會像是發現寶物一樣地珍惜。因為我真心認為，當你願意告訴我心裡這些最真實的想法，分享那些可能不被這個社會所歡迎的感受時，我總覺得我何其榮幸，能夠共享。

雖然不可否認的是，我仍舊會在理解一個人的痛苦時，也跟著陷入其中、感同身受，並沾染到一些痛苦的氣息。但更多時候，**我發現當一個人在那些掙扎與痛苦中時，更突顯一個人在困境之中，仍舊堅韌地、不放棄地努力著，那是多麼的勇敢與不容易。**因此當我陪著一個人，看著他漸漸靠著自己的力量站起來時的感動，往往難以言喻。

而能勇於面對自己的內在、痛苦、暗黑卻真實的情緒的你，我覺得這樣的你，非常勇敢。

我很喜歡一個概念：

「**正面情緒，幫助我們『向外』與人連結；**

而負面情緒，幫助我們『向內』更深地認識自己。」

在生命最幽微、無助、最黑暗之處，更顯得人性的光輝。最黑暗的時刻，也是最美的時光。

有暗黑情緒的人生，才真實。而真實，就是力量。

第三節、面對暗黑情緒，才不會被反噬

即使如我上面所說，暗黑情緒充斥在我們身邊，也如此真實地存在於我們心中，但我們仍舊很難去面對那些暗黑情緒。

為什麼呢？因為我們會害怕。

我們的社會，教導我們要溫良恭儉讓，鼓勵我們展現出一個「好」的樣子。我們內在有個恐懼是，如果不表現出那個「好」的樣子，而壓抑下那些見不得光的暗黑，我們就是不好的，我們就不會被接受。

所以那些「暗黑」的情緒與想法，不被我們允許出現在檯面上，出現在我們的意識裡。我們的情緒教育告訴我們的「高ＥＱ」，其實是教我們不可以隨便生氣、要乖、要聽話、不要造成別人的麻煩、不要依賴別人，但卻養出了一群壓抑情緒，完全不知道該如何好好處理情緒的你、我。

也就是說，當我們愈努力想要營造「對外」的好形象，有時，我們「對內」就會愈加壓抑一些原始，但真實存在的衝動。

然而，**當我們「壓抑」內在一些見不得光的所思所想時，那些不去面對的，並不會消失。你所恐懼的陰影，會在你否認、壓抑、累積了之後，某一天回過頭來找你，甚至用爆發的方式反噬，毀滅登場。**

所以，我希望用自己在心理學方面相關的專業，教大家，可以怎麼樣面對自己的負面情緒，尤其是，那些自己覺得見不得人的「暗黑情緒」。

更精確地說，我並不是希望教大家「消除」負面情緒，我更希望可以教大家，怎麼「認識」負面情緒，並進而管理它，與之共處。

恐懼來自於未知。

我們會害怕情緒，是因為我們不知道該怎麼處理它。

所以我想要幫負面情緒洗刷冤屈，讓大家更好地去了解負面情緒，並更好地去掌管這些巨大的能量，而不是避之唯恐不及。

最後，我不期望大家可以從我小小的一本書中得到救贖。我只是希望，乘著暗黑情緒，大家可以開始一條通往內在寶藏，自我成長的道路。

第一章、情緒的重要觀念

第一章、情緒的重要觀念

在談論負面情緒之前，我想先在第一章澄清一些關於情緒的重要觀念。

一、化「暗黑情緒」為友——負面情緒的重要。

二、文化緊箍咒：我們的情緒被什麼束縛？

三、情緒能量守恆定律：不去理會的情緒，不會消失。

四、面對自己的情緒，是自己的責任。

第一節、化「暗黑情緒」為友——負面情緒的重要

一、沒有所謂的「負面情緒」

絕大多數的人，都不喜歡「負面情緒」，覺得生氣會搞壞關係，流淚會被當成是太過脆弱，嫉妒會覺得自己小心眼，害怕會被覺得太膽小、不夠勇敢。所以我猜若有一個魔法藥，喝下去之後，可以瞬間消除這些負面情緒，一定會成為全世界最暢銷的產品。

其實，在我們的現代社會中，的確有一個非常類似的產品，它叫百憂解。百憂解在一九七二年發現，一九八六年投入醫療用途。在那個年代，精神醫學正興。認為人類的心理疾病，可以透過藥物來治療。而接下來的幾十年，我們從百憂解開始，研發出一項又一項的精神藥物，意圖處理我們的不快樂。但是當我們花了大量的心力在精神藥物上之後，人類的心理問題，卻不減反增。

後來我們漸漸發現，精神藥物、大腦與生理現象，並不能完全解釋人類為什麼有這麼多的情緒困擾。討論我們內在世界的「心理學」，也在最近這一百年，漸漸地被重視，且成為現在的主流，而我們也開始關心心理困擾，包含那些造成我們困擾的負面情緒。

大部分的人或許都會同意，我們可以把情緒分為「正面情緒」與「負面情緒」。正面情緒是快樂、開心、興奮等等，負面情緒則是憤怒、緊張、焦慮、害怕、憂鬱、嫉妒等。

但**當我們用「正面」與「負面」來描述我們的情緒時，其實我們很容易會在心裡把情緒分為「好」與「不好」**。例如，當我們在說「負面情緒」的時候，我們心裡想的是，這類的情緒是「不好的、麻煩的、討人厭的」，所以我們就會想要「除之而後快」。

但實際上，若我們能好好理解與運用情緒的話，所有情緒都應該是「好」的，都是對我們有幫助、有功能的，都是重要的，都是「正面」的。

在我的心中，沒有所謂的負面情緒。或許你會說，怎麼可能？我一旦有情緒，準沒好事發生。不是感情用事，衝動行事，就是癱瘓自己，陷入憂鬱與無力。一個人能夠理性至上，才能夠帶來最正確、高效率的決策判斷。

但我想請你想一想，如果情緒真的這麼糟糕的話，那為什麼在人類演化的歷史中，會留下「情緒」這項機制？且在我們的生命中，存在那麼大量的負面情緒？

二、負面情緒的功能

負面情緒，雖然不見得討人喜歡，但它們會存在我們的生命裡，絕對是非常重要，且對我們是有幫助的。

負面情緒讓我們的生命變得更豐富。

請你現在想一想，你腦袋裡可以想得到的「正面情緒」與「負面情緒」的形容詞，然後把它寫下來。

你會發現，你想得到的正面情緒，大概就是開心、喜悅、興奮、快樂、期待，至於負面情緒，有悲傷、痛苦、憤怒、焦慮、煩惱、擔心、嫉妒、罪惡、羞愧、哀傷等等。負面情緒的數量，遠多於正面情緒。

而且讓我們有機會體驗這些眾多負面情緒的情境，往往是背後有著非常豐富的情感與故事。可能是一段淒美的愛情故事，可能是你為你的尊嚴或是珍愛的事物而戰，可能是讓你愛恨交織，一輩子的家人與朋友。

負面情緒，讓我們的生命變得更豐富。

你想想，如果世界上的電影、小說、戲劇，把所有的悲劇都拿掉了，而只剩下「喜劇」，那會變得多無趣？

蔡康永曾在《蔡康永的情商課》這本書提到，若有人祝福他「永遠快樂、事事順心」，對他而言，根本像是「詛咒」般的存在。那就像是去吃麻辣火鍋，酸甜苦辣，只能吃得到

「甜」。當你所有的味覺，只剩下「甜」的時候，那是一件多麼可怕與無趣的事。

負面情緒讓我們更快地去辨識危險以及需要。

當你生病、受傷時，身體自然會有發炎反應，會發燒、流鼻水。在你受傷時，你的傷處會痛、紅、熱、腫。這些反應都是提醒你：「這裡有問題，要注意囉！」當你忽略這些警訊，就有可能會讓自己陷入危險而不自知。

就像沒有人喜歡疼痛，但疼痛卻是保護我們自身安全的重要保護機制。

有一種疾病叫做「先天痛覺不敏感症」（congenital insensitivity to pain，簡稱ＣＩＰ），罹患這種疾病的病人身體所有功能都正常，只是他們感受不到疼痛，但這種失能會對他們的生命造成重大的影響。

罹患這種病的孩童通常都活不久，因為沒有痛覺，他們幾乎無力避免意外帶來的傷害。沒有利用疼痛作為保護性反射的能力，他們無法確實地避開環境中的有害事物。簡言之，他們沒有適應環境的能力。ＣＩＰ孩子的家長沒法指望孩子用啼哭來指出有些事不對勁，他們也就難以對孩子受傷或生病提供協助。

其實負面情緒也是如此。負面情緒就像是心理的小感冒，一樣會引發心理的發炎反應。

例如，**憤怒讓我們知道我們遇到了威脅、被侵犯，必須要應戰、自我保護；害怕讓我們避開危**

險；憂鬱則讓我們可以好好休息、什麼都不做，等到恢復能量的那一刻來臨。

負面情緒幫助我們知道自己的需求與匱乏，知道現在的我正在經歷與遭遇些什麼，幫助我們更好地去面對挑戰與危險，甚至讓我們變得更加茁壯。

就像感冒雖然不舒服，但當我們從生病到康復時，會讓我們增加免疫力。面對負面情緒雖然痛苦，但卻提升了我們面對困難的經驗值與能力。

第二節、華人文化緊箍咒

情緒對我們非常重要，所有的情緒在許多層面上對我們都是有幫助的，但為什麼我們常常受情緒所苦，甚至產生許多「暗黑情緒」呢？

因為，**很多情緒在我們的文化中，是不被歡迎，甚至是不被允許存在的**。

什麼是文化？

大魚問小魚：「今天的水況如何？」

小魚：「什麼水況？」

文化之於人，就像是水之於魚。我們身處在文化中，若沒有覺察，我們將默默地被影響著，但不自知。

我們既被文化影響，我們也是建構文化的一部分。

在華人文化裡頭，主要有三大文化緊箍咒影響著我們：「以和為貴」、「集體主義」、以「恥感」訓練孩子。而我認為這三個文化緊箍咒，也大大地建構了我們面對情緒的基本態度。

一、以和為貴

（一）「做自己」好難

曾經有個案對我說：「我知道你說的，要重視自己的需要、重視自己的感覺，要練習拒絕自己不想要的要求，可是，每當我要『做自己』的時候，就很『怪』。」

我問：「例如？」

個案說：「就像上次，我朋友要找我吃飯，可是那天我有點累，想早點回去休息，可是如果我不去，他們是不是會覺得我很難搞、很孤僻、很難相處。還有上一次，我朋友要借我的筆記抄，可是我覺得他上課都不專心，我憑什麼要借他筆記。可是借他筆記，我也沒有什麼損失。但我就是不想借，但不借，我又覺得自己人好像很不好，幹嘛這麼小氣。」

我說：「你好像很怕自己變得很『不合群』，也會很怕別人怎麼看你，甚至不喜歡你。」過了幾秒鐘，我再補充：「雖然心裡面也有一部分，你也覺得這麼做，是沒有錯的。但就是會有一種很不自在的感覺……」

個案說：「對！我知道我這麼做沒問題，但就是很難……」

為什麼我們腦袋上知道，拒絕別人是沒問題的、做自己是好的，但我們就是「做不到」？其實「做自己」的這個概念，是我們這個世代，隨著時代演進，西方個人主義的文化才漸漸潛移默化地傳進台灣。更仔細地區辨，你會發現現在大部分的主流心理學知識，也都是來自西方，所以當**我們要打著個人主義「做自己」的旗幟生活時，勢必會在「重關係」的東方集體主義文化中遇到很大的衝突**。

舉例來說，從小我們就一直被灌輸「以和為貴」的觀念。就算別人讓你不開心，你也不可以生氣；上課不要當那個發言特別多的人；在班上要「合群」、不要搞怪。

如果你是屬於自主意識比較強、情緒起伏比較大、比較有自己想法的孩子，或是有一些特殊身分，例如家庭有變故、有身心障礙、生於外籍配偶的家庭、同志族群等等，我想你對於

「別人異樣的眼光」應該不陌生。

有人說教育就像是鐵鎚，而那些表現「特殊」的孩子，就會被當作「凸出的釘子」一鎚敲下去，這樣，大家就都「一樣」了。

（二）人際和諧——情緒表達抑制

為了「以和為貴」，我們必須抑制自己真正的感覺與表現，在心理學上，我們稱之為「情緒表達抑制」[1]。

情緒表達抑制指的是：「當情緒被喚醒時，我們有意識地抑制自己的情緒表達行為」，舉例來說，當有一個人對你做出冒犯的事情時，你是要直接告訴對方你的不舒服，還是要忍著自己的不舒服，然後笑笑地回應他說：「沒關係。」如果你的反應是後者，那麼，你就在使用「情緒表達抑制」，把被喚醒的情緒壓抑下去。

大多數的研究指出，「情緒表達抑制」並不是一個有效的策略，甚至會對一個人的心理建設、社會適應帶來負面影響。白話來說，就是壓抑情緒對你的心理健康並不好。

然而，「文化」扮演了關鍵影響因素。在西方「個人主義文化」中，情緒表達抑制發揮比較負面的作用，可能會與消極情緒、社會焦慮、憂鬱症有關，甚至對心理彈性、社會適應、記憶等產生消極影響。

然而在東方「集體主義文化」中，使用「情緒表達抑制」，有時在人際關係、情緒體驗與心理及社會上的適應有較好的表現，並非完全是個不好的調節策略。

因為，在個人主義文化中，主流文化期待是「最大化積極情緒，最小化消極情緒」；然而在集體文化中，主流文化期待的是，經由積極情緒和消極情緒間的「平衡」來尋求一個「中庸之道」。此外，謙讓、克制、隱藏強烈情緒、保持冷靜，被認為是成功的積極表現。如果自由地表達消極情緒，可能造成「人際中斷」——這在集體文化中，被認為是不必要的結果。

白話地說，西方個人主義文化，重點是讓自己開心。東方集體主義文化，雖然也希望能讓自己開心，但更重視「人際和諧」，而為了人際和諧，必須壓抑自己的情緒，以適應主流文化期待。

大家可以回想一下，自己或身邊的許多人，是不是常常開心的時候不能太開心，難過的時候不能太難過，生氣的時候不能太生氣，普遍處於一種有點「壓抑」的狀態？

由此衍生出來，我們還有幾個特殊的現象：習慣委屈、台灣阿信、老二哲學。

1 習慣委屈

「委屈」是在華人文化中，很特別的一種情緒。在英文中，並沒有能夠精準表達「委屈」

的詞彙。

「委屈」，不只是被誤會、被不公平地對待，更有一種「想說的話不能說」、「想表達的情緒沒辦法自在地表達」，啞巴吃黃連，有苦說不出。這種很悶憋的感覺，正是前面提到的「情緒表達抑制」，而委屈之感，常常是因為自己明明覺得不公平，但礙於尊師重道，礙於表達情緒會被討厭，所以硬是把情緒吞忍下來。

但更無奈的，其實不是「委屈」，而是習慣委屈的「習慣」這兩個字。

很多人遇到習慣委屈的人，總會說：「你就說出來啊，你不說，我怎麼知道你過得不好。」但很多時候，「習慣委屈」自己的人，很多時候甚至是不知道自己「正在委屈」的。

我有位個案曾經無奈地說：「我知道你說的『不要委屈自己』，可是我已經配合別人好久，把自己藏起來幾十年了。我已經分不清楚，我到底有沒有不小心犧牲、委屈了自己⋯⋯」

聽到他這麼說，感覺真的很悲傷。

你可以想像一個孩子，把自己的身體瑟縮起來，只怕自己太張揚自己，會變成別人的麻煩，會被別人討厭。即使身體長大了，卻不知道自己其實可以不用這麼卑躬屈膝地活，甚至已經「習慣」了這種勉強自己的感覺。

他不知道，原來一個人也可以活得抬頭挺胸，不用勉強自己去配合別人。

2 台灣阿信——當「好人」就會被喜歡的幻想

從「委屈」這個概念衍生出來，在華人文化底下，也有著「阿信」原型。

《阿信》一開始是一九八三年在日本播放的晨間連續劇，該劇本以「阿信」這位女性從七歲到八十四歲的生命為主線，講述一個女人為了生存掙扎、奮鬥、創業的故事。

該劇於日本國內首播期間的平均收視率是百分之五十二點六，為日本史上收視最高的日劇。後來也在全球其他六十三個國家播放，當中包含台灣。一九九四年在台灣首播時，也在台灣掀起一陣風潮。

而「阿信」這個女性原型，能夠獲得大家這麼高度認同，很大一部分的原因是，它拍出了許多日本與台灣女性的悲苦與心聲。

台灣阿信的特色是，不斷地付出、壓抑自己、委屈犧牲、忍耐，成就身邊所有的人，但除了自己。這背後有幾個意象，包含「刻苦耐勞」的象徵，很「偉大」且「堅韌」的女性。但她的偉大是建立在個人的悲慘與犧牲之上。當然也有一種「明明是好人，但最後卻沒辦法善終」的悲劇感。

因此，我總是開玩笑，大部分在鄉土連續劇中的好人，總是到了連續劇最後一集，才冤屈大白，才得到自己想要的理解或善終。但前面苦了大半輩子（一百集連續劇中的九十五集），那痛苦卻也都是真實存在的。

反過頭來，壞人在過程中耀武揚威、作威作福，總使用著巨大權力，打壓好人，滿足自戀，讓人看了直怨不公平。但一方面我們看不起這壞人，卻也在心中偷偷羨慕著這些「壞人」，這麼自由、有力量，真好。

其實劇本，也折射出我們的人生。而許多戲劇的腳本這樣走，也絕不是偶然。

因為（所謂的）壞人，換個正面眼光來詮釋，他們有一個特色是：「他們從不吝於去爭取他們自己所需要的」。當然，壞人的「壞」，在於他爭取他所要的方法是「不擇手段的」，是不倫理、不道德的，但他們卻比誰都努力地去爭取他們所想要的目標。

反過來說，有很多好人則是習慣委屈、犧牲自己，放棄自己的需要，彎低著自己的姿態活著。

我看過一部漫畫《東京喰種》，男主角的媽媽，在男主角記憶裡是個極度溫柔的女子，但最後卻因為生病過世，讓男主角非常傷心。而男主角也承襲了母親的善良，對身邊的人，竭盡一切的溫柔以對。

但是劇中的反派角色，在某一段對話中，用一種非常尖銳的語言，不斷挑戰男主角：「你的媽媽真的是那麼無辜的嗎？你的媽媽，在別人欺負她，在她的姊姊向她要錢的時候，沒有認真地拒絕，不斷把錢給她的姊姊，導致自己過勞工作，最後重病死亡，難道她自己完全沒有責任嗎？這真的是善良？還是太過懦弱？懦弱到她其實沒有保護自己，更沒有保護當時是孩子的你。」

這些話，固然有一些不完全客觀，也是刻意用激將法的方式，故意要刺激男主角，但說的也不失幾分事實。**看起來總是委屈自己的阿信，其實是在她的生命中，從沒學會過怎麼不用委屈的方式保護自己**。

當然，回歸阿信本身，那也不是阿信的錯，是整個大時代的悲歌。看過《阿信》電視劇的人，可以了解到，阿信從小到大，都是以養女的身分存在於這個家庭，而那種把自己縮小的選擇，也是她的生存之道。

而《阿信》能夠成為最火紅的電視劇，那是因為那是屬於我們整個時代裡頭，（尤其是）女性的一種投射。大家都在阿信身上，看到自己的苦，但也都在心中偷偷盼望著，有一天，這種「苦」可以被理解，甚至在自己這樣「不斷付出」的過程裡，認為「終將有一天，孩子與家人，能夠理解自己究竟有多辛苦。那麼，自己這輩子的付出都值得了……」。

這種努力付出、當個「好人」——從小當個好孩子，長大當個好情人，結婚當個好先生、好太太——就能夠得到自己所要的、就能被喜歡的期待與幻想，是普遍存在大部分的台灣人心中的集體潛意識。

3 老二哲學

另外，再來談談「老二哲學」。

我印象很深刻，在我的小學階段，因為我很幸運（而不是比較有能力），我有比較多的資源，可以在下課之後，爸媽會請家教來家裡幫我複習功課，所以我在學校上課聽一次，回家又再聽家教上一次課，很容易拿到班上的第一名。

但有一次，我卻考了第二名。爸爸告訴我：「沒關係，不要總是拿第一名，拿個第二名比較好。」

當時我很困惑，哪有第一名不當，要當第二名的道理。但後來我發現，那其實是根深柢固在我們的文化裡頭的「老二哲學」。

我們的文化中，真的太害怕「出頭」，被看見。

我想大家對於「恐懼失敗」應該不陌生，很多人因為恐懼失敗，就會逃避責任，或是變得完美主義。但在心理學裡，還有一種現象，叫做「恐懼成功」。

為什麼要恐懼成功呢？

聽起來很諷刺，但在**我們的文化中，常常是恐懼成功的**。

成功，理當是大家所嚮往的。但是成功，代表我們可能會遭人嫉妒；代表我們可能會被期待與要求得更多；代表如果我哪一天「摔下來」，不再那麼優秀，讓人失望了，那該怎麼辦；代表，我是個「跟別人不一樣」的存在；代表，我會太驕傲、太耀眼，讓別人不舒服……

而這種「不能過得太快樂、太幸福」的緊箍咒，是台灣這個集體文化下大家共有的，在「女性」身上尤其是如此。東方女性普遍有一種「不能夠過得太幸福、太快樂」的自我束縛存在。

我還記得小時候，當我告訴爸爸，學校老師誇獎我哪裡做得很好時，我很開心，我也很希望爸爸能夠看見我的好、誇獎我。

但爸爸怕我太過驕傲，所以很認真地「提醒」我：「那只是外人誇獎你，不是真的。真正跟你親近的人，不會講這些好話，讓你太驕傲。」

當時我很受傷，我明明被誇獎了，但爸爸卻說那是假的。我覺得自己的努力與好，沒有被認可。

但我現在知道，**爸爸也是在這個文化底下的傳承者／受害者之一**。

而上面這幾種現象，都是從我們文化中衍生出來的。我們不能太突出、太特別、太優秀、太好、太快樂、太以自己為主，否則你就是那個奇怪、不對的人。而這種「只有集體，沒有個人」，也就要說到下面這個詞「集體主義」了。

二、集體主義——關係至上

前面已經提到，很多文化緊箍咒，是因為我們重視「關係」勝於「個人」。

華人非常非常重視「關係」，俗話提到「有關係就沒關係」，或是「在天願作比翼鳥」[2]，都是強調「關係」的重要性。

我尤其喜歡「比翼鳥」的這個比喻，其實這隱喻著我們華人文化中「伴侶」的概念，是彼此需要「犧牲」掉自己的一部分，才能夠在一起。甚至當其中一方離開了，另一方也會跟著墜落……

重點是，**對華人而言，我們常常會用「關係」來定義自我價值**。

例如在心理學裡，有個詞叫做「親職化」，通常是發生在功能不全的家庭中。例如，爸爸沒能力養家，媽媽一方面要賺錢，又要照顧很多小孩，因此比較早出生的小姊姊被逼得要提早長大，去照顧比較晚出生的小弟弟、小妹妹，讓孩子代替爸媽的功能，這就叫做「親職化」。

在這過程中，大家可能會忘記，小姊姊也不過比小弟弟、小妹妹大個兩三歲而已，但所謂「長姊如母」，親職化的姊姊只好扮演起媽媽的角色。而對於這麼「體貼懂事」的姊姊，身邊的人可能還會加以鼓勵：「你真的是很懂事。」「媽媽那麼辛苦，你要多體諒媽媽。」

這種為了關係而犧牲自己的現象，是被社會肯定的。因為這個「被親職化」的孩子，為了家庭、為了關係，而犧牲了自己。這樣的情操，多麼「偉大」。

反過來說，有很多孩子，家裡有長輩生病、受苦，或是心理上有情緒困擾，總是拽著身邊的家人，把家人當成是宣洩情緒的出口。當父母對孩子過度地抱怨自己的痛苦時，此時，孩子就不再是孩子，而是父母的心理容器、垃圾桶，成了父母的父母，甚至成為父母的治療師，基本上是一種「錯位」。

然而，孩子從來都不是沒有感覺的工具或容器，孩子也是有血有肉、活生生的人。接收到父母的情緒痛苦是真實的，孩子會怕，但如果自己離開了父母，不接收爸媽的痛苦了，孩子也會自我懷疑，自己是不是太過「自私」，是不是「拋棄父母」，是不是自己是讓家庭不完整的罪魁禍首？對於那個想離開父母、重視自己感受的自己，覺得非常有罪惡感。

相較於強調個人主義的西方文化，他們認為你十八歲就是「成年人」，待在家，可能還會被嘲笑長不大。但在華人集體主義、關係至上的文化中，卻會認為「沒有個人，只有集體」，「你的痛苦不算什麼，家庭的完整更加重要」，甚至「孩子是父母的延伸」，所以「子不教，父之過」，父母會覺得：「我有責任把你教好」。

而父母「負責任」的方式，不小心就演變成過度涉入了孩子的空間，連怎麼念書、選擇科系、選擇對象，都覺得自己有一份責任要幫孩子做選擇，這種「幫孩子」其實就是一種界線的侵犯與涉入，但在我們文化下，卻合理化了這種界線混淆，父母並不覺得是控制。在我們的文化下，這叫做愛、叫做責任。

所以我們會發現，**在台灣的集體主義文化下，「自己」與「關係」常常是衝突的**。考量自己，會想重視自己的感受，會想離開讓自己痛苦的家人或關係；但為了關係，又覺得有責任或義務必須要留下來，或因為在意別人眼光而犧牲自己的需要。

在集體文化底下，你的價值感的泉源，是別人的眼光——也就是我需要「透過成為你眼中的我，我才有資格喜歡我自己」。但矛盾的是，你愈是用別人的眼光來定義自己，你就愈無法「自己相信自己」是有價值的。

很多個案都問我：「對自己感覺好、重視自己的需要，難道不會太『自以為是／自私』」嗎？我常常帶著西方個人主義的心理學立場說：「絕對不會。你想，如果你都不喜歡你自己了，又怎麼覺得別人會愛那個，連你自己都不喜歡的自己。」

然而，我也很清楚，我這麼說，是在與整個大文化抗衡。當我發現有這麼多人問我這些問題時，或許我們就能窺見，對於滿足自己的需要、喜歡與欣賞自己，在我們的文化底下，是一件多麼令人恐懼的事。

三、用「恥感」訓練孩子

「媽媽，我要買冰淇淋。」

『不行，今天已經吃太多零食了。』

「可是……（開始啜泣）……我想吃冰淇淋……」

『不要哭囉。你已經是哥哥了，這樣羞羞臉。』

接續前文，用別人的眼光來定義自己的價值，或許都還不足以描述，為何華人文化這麼重視關係，重視到近乎要忽視自己的程度。

那是因為我認為在華人文化底下，還有一個重要的關鍵，是「**恥感文化**」。

在華人文化裡，為什麼有特別多的暗黑情緒？其中一個原因，是因為我們禮教約束的本質，是用「恥感」去約束一個人的行為。也就是說，我們不只是不被允許表達某些情緒，更會在我們真的不小心表達出某些真實的情緒時（例如憤怒、悲傷），還要被貼上一個「丟臉（羞恥）」的評價。

小時候，我們是被爸媽用「羞羞臉」的方式教育，訓練我們的社會規範、情緒表達。長大之後，我們也會用一樣的方式來規範自己。

所以當我們表達真實的情緒時，我們會覺得這樣的自己很糟糕；當我們表達真實的需要時，我們也會覺得這樣的自己很不應該。所以我們就學會忽略、壓抑自己真正的感覺與需要。

我曾經聽過一個故事。身為村長的爺爺，發現自己家族中的孫女竟然未婚懷孕。這件事情對爺爺來說，實在是太丟臉，他覺得自己「沒有臉活下去」，最後自殺了，因為寧可以死謝罪，也不要丟臉地活著。

與我們的文化有些相近的日本，也有類似的文化。在日本武士道中，有切腹自殺的傳統。切腹的理由有很多，其中一個理由是為了要透過這種特殊的自殺方式，來保有自己，或整個家族的尊嚴。

所以，一個人可以為了「不要讓我們的家族蒙羞」，寧可結束自己生命。可見，這種「恥感文化」的力量，如此強大。

我們之所以對於自己的某些情緒，會極力地想要隱藏起來，是因為我們認為自己擁有某些情緒，是一件糟糕、不好，甚至可恥的事情，所以我們想把那些情緒藏起來，甚至想把「有情緒的自己」也一併消除，但當我們這麼做的時候，正是把自己推入暗黑深淵，創造暗黑情緒的關鍵時刻。

第三節、情緒能量守恆定律——壓抑的情緒，不會真的消失

但是，不被文化允許的情緒，不鼓勵被表達，甚至被壓抑，這些情緒就不見了嗎？

當然不會。

或許你會說：「我知道情緒很重要，可是我就是不喜歡這些負面情緒，恨不得可以不要有這些討厭的感覺。」

我想沒有人喜歡待在負面情緒裡，而在不知道怎麼面對負面情緒的情況下，很多人或許「只會」選擇忽略、否認、壓抑自己的情緒。

那些壓抑下來的情緒，並不會真的消失，反而會用更洶湧的方式反撲。

心理學裡有個現象叫做「踢狗效應」（或踢貓效應），例如：

爸爸今天在公司裡，被上司罵了一頓。他心裡抱著滿肚子怨氣，但又不能對上司不禮貌，所以回家劈頭就唸了太太：「怎麼家裡都沒掃乾淨？」

太太被嫌棄了，但不想與先生起衝突，帶著不滿與委屈，跑到孩子房間，碎唸了孩子一頓：「怎麼在玩遊戲？不好好念書，未來該怎麼辦？再這樣下去，媽媽真的壓力很大。」

孩子聽完，覺得媽媽莫名其妙跑來唸自己一頓，但又不敢與媽媽起衝突，只好跑去跟家裡的小黃說：「你喔！每天就愛亂叫，你知道你很吵嗎？看到你就討厭！」所以就踢了狗一下。

所有的人都有情緒，但這些情緒都沒有好好地被消化，所以就不斷用語言或是行動的方式傳遞下去，最後就落到了沒有反駁能力的無辜小狗身上。

但這個現象，並不只是個小例子，而是每天發生在我們身上的真實故事。

我們總是從別人那邊吸收了許多不屬於我們的情緒，我們又把情緒轉移到其他人身上。而那些不想給別人造成麻煩的人，甚至會把情緒累積在自己身上，最後不是失控，就是把自己悶出很多身心疾病來。

英文裡有一句諺語「房間裡的大象」（The elephant in the room），指的是「一個明明擺在眼前，但大家都不願正視的問題」，負面情緒也是如此。當我們避而不談負面情緒，但那些感覺，並不會真的消失。

很多人會說，時間會撫平一切，所有的傷痛都會慢慢淡去，但真的是如此嗎？

小事情引發的小情緒可以被忽視，例如走在路上不小心被一個路人撞到，過十秒鐘，可能你就忘了；但大事情所引發的大情緒，例如你藏著一個祕密、被一個人深深的傷害、至親過世的失落與痛楚，你因為害怕或不知怎麼面對而逃避這些感覺時，這些感覺往往會在你心中翻攪。

許多沒有處理的情緒能量，不會輕易散去，我稱之為「情緒能量守恆定律」。

再舉另一個例子，心理學中有一個詞，叫做**行動化**（Acting Out），**指的是，當一個人沒有辦法用語言，或其他更健康的方式**（例如小小孩透過「玩遊戲」）**來表達內在感受時，這個人可能反而會用「行動表達」**。

例如，一個孩子從小被教導要乖、要聽話，甚至到過度壓抑的程度，他可能會一直表現得看起來好好的，但突然之間，生了一場大病之後，成績一落千丈，陷入憂鬱；也有可能開始叛逆，完全脫離父母的期待與要求，這可能都是一種無意識的抗議。

有一部電影《將軍的女兒》，女主角被一群男性輪暴，差點喪命，而當她醒來的時候，他的父親在旁邊。正當女主角要告訴父親她的痛苦時，父親為了個人顏面與軍隊榮譽，阻止女兒表達她的痛苦，並對著他的女兒說：「忘了吧，忘了這一切吧。」女主角在那一刻起，不再談論自己的痛苦，她把內在那些痛苦全部吞下去。

爾後，她開始與很多不同男人發生混亂的性關係，頻頻出軌的行徑讓父親蒙羞，最後，她成為一起謀殺案的受害者，全身赤裸並呈大字形地被綁在露營樁上。駭人的死狀其實是潛意識重現了當初她被輪暴時的那個畫面，也表達著那沒有辦法被談論的當初的痛苦。

正視暗黑情緒，並不是要耽溺在情緒裡，而是不讓壓抑下來的能量，找到另一個更糟糕、不健康的表達方式。正視情緒，是讓我們能夠好好地正視情緒對我們的影響，學習提升自己面對負面情緒的能力。

第四節、面對自己的情緒，是自己的責任

最後，我要談論一個重要的觀念：「面對自己的情緒，是自己的責任」。

有人會反駁：「可是有些時候都是他太白目、太機車，我才會生氣。」「可是他對我那麼沒禮貌，難道我能夠不生氣嗎？」這些人認為是「別人害我」有這些情緒，如果「對方不要這麼做，我就不會不開心」。

其實大多數的人會這麼說，是可以理解的，畢竟你內在的情緒，的確是經由對方說了或做了些什麼，而被點燃、引發的。

然而，我還是希望大家能夠拿回自己「對情緒的責任」。所以在開始分析不同的暗黑情緒之前，我要試著向大家清楚說明，什麼叫做真正的「為自己的情緒負責」。

什麼叫做對自己的情緒負責？以下提出幾個概念。

（一）情緒不等於行為

首先，第一個重點是，情緒不等於行為。

我常說：「你可以很生氣，但生氣不等於你一定要口出惡言、罵人、打人。」或是我們在諮商中，也會針對有自殘、自殺意念的個案訂定「不自殺契約」，也就是無論你內在感覺再怎麼痛苦，你都不可以做出傷害自己、結束自己生命的事。也就是說：「我感覺很痛苦」不等於「我要因為很痛苦，所以去自殺」。

所以，**「為情緒負責任」的第一個概念，就是我們可以「無條件接納自己的情緒」**，但盡可能讓自己的「外在行為表現維持在某種合理的限度」。而這兩者缺一不可。

如果你為了讓自己不要罵人、打人，就告訴自己「不可以生氣」，你反而在壓抑你自己，埋下情緒反彈的地雷。但重視自己的情緒，不代表可以讓情緒牽著你的鼻子走，為所欲為。

（二）過去經驗如何「污染」現在——十八歲之後，沒有新傷

第二點，我認為我們需要讓我們的內在，變得更加清明。區分我們現在的情緒，是否有被「污染」。

在我學習團體治療的過程中，發現一件很有趣的事情。同樣一句話，在團體中的每個人，所接收到的訊息，引發的反應，可能都大不相同。

舉例來說，有個人在團體中遲到了，有的人會覺得：「沒關係，反正他慢慢加入團體就好了。」有的人會非常擔心：「不知道他在路上是不是遇到什麼困難？」然後想幫他解決問題。有的人會非常憤怒：「你怎麼可以這麼自我中心，不在乎我們的感受？」有的人會視若無睹，覺得有你、沒你，都沒有差。

為什麼十種人，就有十種不同的反應？因為我們都或多或少地會受過去的經驗影響，決定我們現在怎麼看事情、感受事情的立場與視野。

我聽過老師說過一句話是：「（心理上）十八歲之後，沒有新傷。」基本上，我大體同意這樣的說法，也就是說，**有一個人，之所以會讓你不舒服，引起你情緒上的波瀾，是因為，在你的內在，也有一個傷口，裡應外合，情緒才會被引爆。**

而成年之後，**你有很多「痛點」，往往與你的早年成長經驗，或你形塑的生命劇本有關。**

舉個例子，當你的工作表現不佳，或是你被主管責罵了，一般人都會難過。但一個人，會難過到不能自已，會覺得自己真的是失敗透頂，沒有價值、沒人會喜歡自己，那可能就是被過去的經驗所影響，喚醒了他潛意識中，小時候總是被爸媽嫌棄的記憶。

或是，若有個人說我：「欸，你唱歌很難聽耶！」我可能會有點不好意思，覺得，對啊，我就是音痴。

但若有人說：「你是心理師，你怎麼那麼沒有同理心？」可能就會更容易引發我自己的情緒，因為「我自己也覺得，我『應該』要成為那個有同理心的心理師。我不能接受自己竟然沒有同理心。」所以是「我自己也沒辦法接受，甚至討厭與排斥那個所謂沒有同理心的自己」，才讓我那麼在意別人的話。

所以，你在心理不舒服的同時，對方固然有其不妥之處，但更重要的是，透過你的不舒服，你可以意識到你的內在，是否也早已存在著某個傷口，隱隱作痛。

（三）合乎「目的」的使用情緒

所以，是不是如果你夠清明地覺察到自己的情緒，不被過去的經驗影響，那麼你就會成為一個情緒穩定，沒有負面情緒的人？

當然不是。我們只是讓情緒的反應，回到更貼近於「當下」，沒有被過去污染，回到「更合乎於當下與現實」的情緒反應而已。

所以，第三點，情緒是有「功能」的，我們要合乎我們目的地使用情緒。

情緒對內，可能要提醒你有些事情出了差錯。例如，「憂鬱」是提醒你要休息，「焦慮」

是提醒你要認真應對挑戰。情緒就像身體有小感冒，提醒自己應該要自我照顧或做健康檢查。**情緒對外，有可能要抵抗威脅**。例如，你必須對一個開黃色玩笑的同事，很嚴正地告訴他，你不喜歡他這樣子做，**那就是在使用你的「憤怒」保護自己**。

如果當你的先生平時都很在乎你，但他只是半個小時沒有回你簡訊，你就開始腦內小劇場覺得他是不是不在乎你、在外面有小三，或許你就可能是被過去經驗中，曾經被傷害、被拋棄、被欺騙的恐懼給控制，失去了判斷現實的標準，如前面所說，或許你需要意識到自己怎麼被過去經驗給「污染」。

但在另外一個情況裡，有些個案對我說：「我覺得我自己真的是嫉妒心太重、控制欲太強。我希望心理師你能幫幫我，讓我不要總是那麼神經質……」結果仔細一問，發現她的男友的的確確與其他女生搞曖昧。傳了曖昧簡訊，甚至到對方家過夜，一兩天才回一次訊息。這樣捉摸不定的男友，確實會引發你的不安。所以你的生氣、嫉妒、恐懼被拋棄，也就相對來說比較合理，甚至可以說是有功能，是用來保護你自己的。

但若你也只是告訴自己：「大家都說不要太控制另一半，要給他自由。」單純地用這種信念來說服自己，其實你也是把事實蒙蔽住，欺騙自己。

所以為自己的情緒負責，並不是把所有的情緒責任都覺得是「自己的問題」，更不是你就會變成一個「沒有情緒」的人，或者變成過度負責，甚至是偏離事實，沒有發揮情緒的功能。

再舉一個例子，很多時候，我們常常會對一個我們很在乎的人，表達憤怒，但其實我們是想靠近對方。

例如，太太覺得先生常常在他們說話時滑手機，心不在焉，太太感覺自己不被在乎，因此太太大怒。或許太太表達生氣的目的，是希望拉近彼此的關係，增加親密感，但當太太表達憤怒時，反而會讓先生怕太太，因為本質上生氣是拿來攻擊的情緒。

所以，若太太要「拉近彼此距離」，比較好的做法，是太太可以對先生說：「當我跟你說重要的事情時，你滑手機，會讓我覺得有一點難過、寂寞、受傷。我這麼說，是想讓你了解我的心情，並不是要責怪你。」在此處，表達脆弱，有助於建立彼此連結。

但若太太是想要透過表達情緒，「溝通調整」你們的互動或先生的行為，那麼太太可以告訴先生：「如果可以的話，我希望我在說話的時候，你可以放下手機，專心地聽我說話，這對我來說很重要。」這麼一來，**我們就是在使用「生氣」這個情緒的功能，捍衛自己的領地，調整雙方互動，又不用變成情緒性的謾罵與宣洩。**

又或者像前面提到的例子，當同事開了黃色笑話，你覺得被騷擾、被冒犯了，你就必須板起一張臉，讓他知道，你真的非常不喜歡這件事情，讓他知道這事情的嚴重性。即使，那需要冒著一點點打壞關係的風險，或許都還是需要清楚地告訴對方，你並不喜歡他這樣做。

當然，這種「區辨」的智慧，非常不容易。以前面那對夫妻的例子來說，太太可能一方面很生氣，覺得先生總是不重視自己的意見，冒犯到自己，與此同時，也覺得自己很受傷、難過，好像在先生的眼裡，自己並不重要。**有時，我們並不見得能夠將內在的情緒區辨得那麼清楚，甚至進一步精準地表達出來，但這是我們可以練習的。**

在人際互動中，也有很多事情的選擇，只是一線之隔，你可以選擇嚴肅表達你的界線，或者選擇忍耐，以維持和諧。

所以談論「區辨情緒」，以及「合乎目的的表達」，有時候也不見得總是那麼絕對。

不同的選擇，沒有好壞，只要你足夠清楚你選擇的目的，並且能夠為這個行為選擇帶來的後果負責（例如忍氣吞聲後壓抑的內傷，或是表達情緒後有一些人與人之間的摩擦），或許你也更能夠感覺到，你為你自己的選擇負起責任。

（四）小結：覺察、選擇、負責

綜觀上述這三點，我希望回歸到我所學習的完形治療的概念，做個總結。完形治療中提到一個核心概念是：「覺察、選擇、負責」——清楚知道自己為什麼想做這個選擇，選擇你的因應方式，並且為自己的選擇負責。

覺察：區辨自己有沒有被過去的經驗污染，審慎評估外在客觀現實與內在自己的能力，覺察自己想要達到的目的，以及自己的需求是否有可能滿足。

選擇：是要對內消化自己的情緒，還是對外表達自己的情緒與溝通？

負責：為自己做的選擇，包含風險、後果、影響負起責任，接納其結果。

當然，我們不總是能做出「正確」的選擇，甚至更多時候，其實沒有所謂的正確選擇，我們常常需要在某種兩難或衝突中掙扎。

試著去認識自己，才能漸漸為自己的情緒負起責任。雖然不容易，但我相信，當你愈認識自己的情緒，知道自己為了什麼而喜怒哀樂，哪些情緒又引領著你去哪裡時，你也會愈慢慢找回對自己的自信。

當你能夠為了自己情緒負責時，你也能漸漸找回自己人生或情緒的主導權。

接下來，讓我們談談七種不同類型的「暗黑情緒」。

---

1 參考http://journal.psych.ac.cn/xlkxjz/CN/10.3724/SP.J.1042.2016.01647。

2 在《山海經》裡，比翼鳥指的是一種名為蠻蠻的怪獸。這種怪獸只長著一隻翅膀和一隻眼睛，因此只有兩隻併在一起時才能飛。

第二章、情緒七宗罪

第二章、情緒七宗罪

聖・托馬斯・阿奎那（ST. Thomas Aquinas）在《論惡》（On Evil）一書中，對宗教罪提出具體的描述，依序是：傲慢（Pride）、嫉妒（Envy）、懶惰（Sloth）、憤怒（Wrath）、貪婪（Greed）、暴食（Gluttony）和淫欲（Lust）。這七大罪過，簡稱為「七宗罪」。

而我也提出七種常見的「暗黑情緒」，分別是：憤怒、憂鬱、焦慮、羞愧／罪惡、絕望、羨慕／嫉妒、害怕。試著幫助大家「理解」這些情緒的內涵、功能，何以這些情緒會帶給自己困擾，以及如何解套。

期望幫大家在認識這些暗黑情緒之後，更知道如何與這些情緒共處。

第一節、憤怒

弟弟看到哥哥正在玩機器人，便好奇地靠過去，想跟哥哥玩。

弟弟：「哥哥，你在玩什麼，我也要玩～」

哥哥：「不要吵，我在玩機器人。」

弟弟：「我也想要一起玩。」

哥哥：「你年紀還太小，你不會玩。」

弟弟：「可是我想玩!!（伸手便要拿哥哥的機器人）」

哥哥：「（把弟弟的手拍掉）不可以！」

弟弟有點被哥哥的舉動嚇到，隨後在被拒絕的不開心裡，一把將哥哥的機器人搶過來，然後摔到地上，表達自己的抗議。

哥哥見到弟弟此舉動，便激動地推了弟弟一把，並大喊：「你走開！你每次都把我的東西用壞！我不要跟你玩了！」

弟弟一方面因為摔倒在地的疼痛，加上哥哥推自己一把的驚嚇，以及自己不能玩的委屈，便嚎啕大哭了起來。

這時媽媽看著地上損壞的玩具，以及跌倒受傷的弟弟，跟氣呼呼的哥哥，不知道該如何是好。

一、憤怒的本質——敵意vs.破壞性

讓我們來分析「憤怒」這個情緒，你會發現憤怒的核心體驗，就是「敵意」與「破壞性」。

（一）敵意

敵意，就是「我討厭你」，背後是帶有不滿與攻擊性的。例如在上面的例子中，哥哥對於煩人的弟弟，很是不滿，因為弟弟總是會破壞自己的玩具、打亂自己的遊戲；而弟弟也對於拒絕自己的那個「壞哥哥」，感覺到被排斥，而心生怨念。這種「我不喜歡你」的感覺，就是敵意。

又或者是夫妻吵架的時候，太太對先生說：「我每次跟你說話時，你總是擺出一副高人一等的感覺。你真的很討人厭。」而先生對太太的感覺則是：「你總是不信任我。每次你質疑我的樣子，都讓我覺得壓力好大。」這些都是在傳遞對對方的敵意。

（二）破壞性

而破壞性，就是毀滅。我們會說「憤怒之火」，有時候憤怒就像是燒夷彈一樣，摧毀所有的東西。例如在前面的例子中，弟弟會想要破壞哥哥的玩具，或是哥哥心中也很希望弟弟在那時候可以走人、消失不見；或是在夫妻吵架的時候，想要摔破碗盤，說要離婚，想要讓一切消失殆盡，都是展現一種「破壞性」。

（三）敵意 vs. 破壞性

為何要將憤怒區分出這兩者呢？

敵意，雖然具有攻擊性，但是在這個攻擊性的表達之中，有幾個好處。

第一，敵意的表達，是有立場的，區辨出「我」與「你」立場上的差別，也更有機會說出一些平常累積在心中，沒有機會表達的話。

第二，敵意表達了攻擊性，所以可以有效地恫嚇對方，推開對方，給自己一些空間。

而「破壞性」，更多時候是六親不認，常常會摧毀我與你之間所建立起來的關係情感基礎。甚至有些時候會同歸於盡，最後造成兩敗俱傷。

有一個千古難題，是「吵架到底會不會讓感情變好？」有的人說會，夫妻兩人，愈吵架，感情愈好，但也有另外一派的人說不會。因為憤怒應該要盡可能地避免，說出的話就像釘在牆上的釘子，拔掉也會有痕跡。

而我認為，**如果要讓雙方能夠在吵架、憤怒的情況下妥善地溝通，首先要把重點盡可能地擺在表達「自己的感受」，也就是表達在過程中感受到的不舒服、不滿（敵意）**。

反過來說，當你心中的憤怒，已經從表達不滿過渡到：「我也想讓他嚐嚐痛苦」、「不管了，我現在只想要把事情搞得更糟糕，只想讓他感覺到我有多痛苦！」企圖要打擊與挫折對方，那麼，就很有可能是被「破壞性」給吞噬。

因此，回到上面所說的「敵意」與「破壞性」，在吵架過程中，難免會覺得：「你這個人怎麼那麼難溝通，一直聽不懂我的意思，真是氣死我了」，這感覺雖然不舒服，但沒有太大的問題，不過，如果到最後的結論是：「算了，算了，跟你講也沒有用，還是別說了」，或開始貶低對方：「你這個人根本沒在用腦，根本不會教孩子」，甚至再加碼，變成是「我們乾脆離婚算了」，這就是在展現對於對方的一種毀滅性，那關係自然就岌岌可危。

二、憤怒的功能——護衛軍

談到憤怒，就一定要認真地談論憤怒的「功能」。因為大家實在太過恐懼憤怒，以致失去透過憤怒而「自我保護」的能力。

（一）建立防火牆

仔細想想，你最近一次憤怒是什麼時候？是別人說話，讓你覺得他很不尊重你？是別人沒經你同意，拿你的東西？是遇到很不守交通規矩的馬路三寶？

一個人會憤怒，往往是在自己「被冒犯」的時候。因為被冒犯而憤怒，是生物的本能。

有一次，我走到一條小巷子裡，打算抄捷徑回家，但是一走進巷子裡，就發現有一隻狗在對我低鳴，警告我不要再接近。我當下嚇得冷汗直流，默默地原地後退，希望不要激怒牠。

在我後退的時候，我才發現這隻很兇的狗，原來是一隻母狗。

為什麼我會知道？因為我看見這隻狗的背後，有幾隻才剛出生的小小狗，這時我才明白，這隻母狗正在用「憤怒」保護牠的小孩。牠正在透過憤怒，警告我不要再接近牠。

也就是說，憤怒最重要的一個功能，就是捍衛自己的領地、保護自己的地盤，在自己受到侵犯與威脅的時候，要進入戰鬥狀態。進入戰鬥狀態，讓自己就像是穿上戰鬥裝備一樣，變得更加地強壯、有力量，幫自己預備好，抵抗威脅。

（二）區分楚河漢界，捍衛自身立場

一個懂得憤怒的人，是有力量的，知道如何捍衛自己的領地，與其他人是有「邊界」的，就像象棋棋盤上的楚河漢界，雙方能有彼此的地盤。當然，**除了保護自己之外，憤怒在關係上，也有很重要的意義，是可以幫助一個人區分「你」、「我」**。

舉個例子，當你住在宿舍裡，室友沒有經過你的同意，就喝了你桌上的一瓶水。

你很生氣地告訴室友：「你為什麼喝我的水？」

室友回：「我看你那瓶水沒喝過，我當時又很渴。」

你又很生氣地說：「可是這是我的東西，你不該拿我的東西。」

室友說：「不然我買一瓶來還你嘛。」

你再說明清楚：「重點不是這瓶水，而是你沒有經過我的同意，就拿了我的東西。」

在這一來一往之下，雖然彼此有一些情緒張力，但透過這個過程，室友會學著明白，他不該隨便拿你的水來喝，不應該沒經過你的同意就去拿你的東西。

我們每個人，都有屬於自己的地盤，這是生物的本能。

一個懂得憤怒的人，才能分清楚「你、我」，找到自己的立場。

又例如，夫妻兩人吵架。

媽媽說：「我希望給孩子學才藝，這樣才可以讓孩子培養興趣，陶冶身心，也有助於未來的升學考試。」爸爸說：「孩子已經補了很多習了，應該給他多一點自由、多一點的空間，多玩一點，讓他有個快樂的童年。」

爸媽兩個人說的話，都沒有錯，但因想法不同，所以在他們表達自己意見的過程中，兩個人就會產生衝突。雖然衝突令人不舒服，但這過程有助於雙方表達自己的立場，也可以讓他們彼此聽見對方的聲音。或許最後會有機會，讓他們愈來愈知道彼此在意的事，甚至協調出一個雙方都能夠接受的結果。

但是，這種有助於關係，有建設性的「憤怒」與「衝突」，在我們台灣社會裡，是非常被壓抑的，**而因為我們習慣壓抑憤怒，所以也就不懂得如何健康地建立邊界，人我之間的「界**

線」非常模糊。

舉例來說，很多父母與孩子之間的界線非常模糊。父母覺得孩子是父母生的，所以需要乖巧、聽父母的話，才是「好孩子」。父母可以決定孩子應該要怎麼想、怎麼說、怎麼做，可以規劃孩子的未來，建議孩子走父母認為合適的路，因為父母比孩子懂得更多，更知道孩子要什麼。

甚至我聽過非常多的孩子，他們在房間裡不能上鎖，甚至是「沒有門」的；又或者是，父母可以輕易地打開孩子的房間、看孩子的日記，因為父母非常「關心」自己的孩子。

而當孩子因為感覺被冒犯，開始生氣，也就是孩子正在用「憤怒」捍衛自己的地盤，這原本是一件很有功能、很正向的事情，但父母卻可能說：「這又沒什麼，我是你爸媽，你沒有做虧心事，又有什麼好不能看的。」甚至反過來責怪起這個生氣的孩子。

這個孩子一方面很不舒服，但另一方面又因為太需要爸媽的認可，或是反覆地在表達自己憤怒的過程中，發現父母的權威還是太過強大，久而久之，只好強行地把憤怒的情緒壓下來。**反覆壓抑自己憤怒的過程，就會讓孩子漸漸失去保護自己的能力**。

讓我們再換個場景：

哥哥與弟弟在玩玩具時，弟弟出手拿了哥哥的玩具，哥哥很生氣地說：「嘿！這是我的東西！」其實哥哥是在捍衛自己的地盤，這其實是非常好、有力量的事。

但對於恐懼憤怒、討厭衝突、過度重視和諧的父母，可能會說：「你就借弟弟玩一下，又沒有關係。」

長期下來，哥哥可能愈來愈憤怒，他透過加強憤怒的力道，更用力地捍衛自己的立場，但這麼做的下場，卻讓父母更用力地淡化、壓抑哥哥憤怒的情緒，甚至在父母受不了強烈情緒的情況下，突然拿起父母的權威，壓下孩子的情緒：「別吵了！不然都別玩了！」讓衝突戛然而止。最後，可能變成兩敗俱傷，或是孩子學會放棄憤怒，變成一個沮喪、憂鬱、不懂得保護自己的人。

這也就是為什麼，有很多女性，在公車上被性騷擾的時候，不敢大聲地呼叫、求救說：「有色狼！」甚至有一些約會強暴的例子，都是因為我們沒被教會如何用憤怒保護自己。而女性在我們的文化中，不被允許表達憤怒，也就不知道該怎麼拒絕對方、保護自己。

（三）對親近的人，保持界線的「彈性」

當然，「拒絕」以及「劃清界線」並非一翻兩瞪眼，也不只是用在自己不喜歡的對象。更多時候，在與親近的人的關係中，更需要讓彼此的邊界變得是「有彈性的」。

當兩個人的關係距離很遠、很陌生時，彼此井水不犯河水，八竿子打不著，倒也落得輕鬆。但當兩個人的關係、距離變近時，例如從朋友變成情人，從分居變成同居，因為靠近，自然會有摩擦與衝突。

你一方面要學習如何捍衛自己的堅持，另一方面又要學會如何妥協與配合對方。這兩者缺一不可，否則就會變成過度「自我犧牲」或是「自我中心」。

舉具體的例子來說，情侶在一起的時候，可能就會因為兩個人的衛生習慣不同而時有摩擦。女方要配合男方的隨性，男方也需要提醒自己常保整潔。情侶雙方漸漸會協調出彼此都能「接受」的狀況，而這種「共存」，是兩個不一樣的人，能夠待在一起很重要的原因。

悲觀主義哲學家叔本華提到，人與人的關係，就像是一群刺蝟在冬天取暖，太遠會覺得孤獨，太近又會刺傷彼此。我認為，這種矛盾性時常讓人很苦惱，但反過來說，人不總是在這種矛盾的關係裡，學習怎麼與彼此連結，找到親密與溫暖的嗎？

三、憤怒，反而讓我們更親密

幾年前，我與一個非常要好的朋友，一起去國外旅行一個月。當時我失戀，又有一段空檔；而他人在歐洲，在各個國家遊玩，所以很快地，我就敲定與他一起旅遊的行程。

沒想到，這卻是惡夢的開始。

一起旅行之後，我才發現之前平時說說笑笑的關係，其實是建立在距離的美感之上。他有一些隨性讓我無比焦慮，我的某些自由，卻也讓他覺得要負擔過多責任。在不斷忍耐與磨合的情況之下，某一次，我實在受不了，決定在旅途中，與這位好朋友分道揚鑣。

一直到我要回台灣的那一天，我心裡一方面感謝朋友在旅途上的協助與陪伴，但又有好多磨合的怨氣，憋在我的心中。

在機場說再見時，我說：「我不確定，我們還能不能當朋友……」他與我相視而笑，也對我很坦誠地說：「老實說，我也是。」

隔了幾秒鐘，他說：「但我想，如果我們還能夠當朋友的話。那我們會變成那種『有吵過架，但還是很好很好的那種朋友！』」在那一刻，我知道我們的關係還在。而他是我，非常非常重要，一輩子的好朋友。

英國精神分析學家溫尼柯特（D.W. Winnicott）說：「在很多人心裡，憤怒與親密，是沒有辦法共存的。」

很多人沒辦法表達憤怒，是因為怕破壞親密。

但大多數的狀況，往往是因為壓抑了憤怒，反而讓關係慢慢失去活性。其中一個原因是，當關係靠近，就會有摩擦與衝突，甚至產生許多不被歡迎的憤怒。所以許多人為了避開憤怒，同時也拉開兩人關係的距離，避開了親密感。

另一個重要的原因，是你所壓抑的情緒，並不會消失，它反而會變形，變成更潛在的小惡魔，在關係裡暗渡陳倉一些你的敵意與破壞性。

以下，讓我們談談憤怒的變形。

四、憤怒的變形

如果在憤怒中，一方面你想表現你的敵意與破壞性，狠狠地罵對方一頓，但又覺得自己這樣做很糟糕，或者太害怕傷害到對方，你可能就會試圖透過「壓抑」，來冷卻或扭曲你的憤怒。

冷卻或強壓下了憤怒之後，會發生什麼事呢？

（一）憤怒變形的分類

1冷暴力

冷卻憤怒，可能讓憤怒會從熱攻擊，變成冷暴力，變形成一種看起來不帶憤怒，但充滿攻擊性的表達。

例如，你仔細檢查文件的時候，同事突然從你後面走過去，並丟下一句說：「你還真是仔細，看起來就是吃飽太閒，沒事幹。」

這種冷暴力，像是從火球變成了手術刀——冰冷但鋒利。

2 疏離

冷卻憤怒，可能會帶來疏離，就像是憤怒的岩漿降溫之後變成了石頭。

有非常多的夫妻，因為反覆經歷多次挫折、無力的衝突，到了最後，因為覺得講了「也沒用」，只好「算了」。

太太把全部心力投注在成為一個好媽媽，爸爸則在外面努力打拚賺錢，兩人維持一個稱之為「家」的形象。

當站在「父母」的角色，或許彼此還能勉強對話，但一旦回到夫妻，甚至情人的角色，彼此之間就像豎立了一道高聳的石牆。兩人最終公事公辦，同床異夢。

3 冷戰

不過，有的夫妻築起的不是石牆，而是冰柱打造的監獄，就像很多人曾經告訴過我，大吵一架真的不算什麼，但只要「冷戰」，自己真的是會馬上受不了。

你找對方說話，對方卻連頭也不抬地繼續做著自己的事。問對方是不是不開心，對方只是說一句「沒有啊～」就句點你。

對方透過冷漠，讓你體會到沒有回應的窒息，讓你體會到關係中無言的「軟拋棄」。這時兩人的關係降為冰點，一碰就會凍傷。那種惡意，才真叫你心裡直發寒。

重點是，這種冷卻後的、包裝過後的攻擊，更加難以處理。你不知道對方真正在氣的是什麼。你想要修復關係，對方又給你軟釘子碰。你好不容易誠懇地問：「你今天是不是不開心？」對方翻翻白眼後，再裝傻說：「沒有啊，你太小題大做了吧。」（一邊否認，又一邊偷丟暗器），反而更氣得你牙癢癢。

4 七傷拳

另外，有一種是屬於同歸於盡的類型，我稱之為「七傷拳」。傷敵一千，自損八百。

例如，太太對先生說：「嫁給你，我真的是瞎了狗眼。」

看起來是在貶抑或嫌棄自己，但也有很大一部分，是在攻擊對方。

5 行動化

當然也有很多人，會把壓抑下來的憤怒，變形成其他東西，例如拖延或外遇。

有很多孩子，就是透過「我不要！（不要寫作業、不要去洗澡、不要去學校）」的方式，來表達對父母的不滿。這尤其容易發生在控制型父母的孩子身上，因為孩子的自我長期被壓抑，而「不聽話」或許就是孩子挫折父母，最大的武器。

也有很多夫妻，透過「與其他人搞曖昧」的方式在氣對方，希望對方可以在意自己，甚至是直接外遇。看起來是逃避問題，但也是用這種方式，在表達對於對方的不滿，把主動攻擊變成了被動攻擊。

我聽過不只一個人告訴我：「他這樣對我，我要去搞外遇，讓他嚐嚐這有多痛苦。」所以對於對方的憤怒，演變成是「復仇行動」。

而一旦憤怒變形成這些型態的時候，就很麻煩。因為還必須要「解碼」，了解這些行為背後的意義，才能知道原本對方所在意、受傷、不滿的事情是什麼。

（二）還原衝突本質，恢復對話空間

所以能夠先讓憤怒加熱，浮上檯面，有時候反而比較有利於溝通。

我在做伴侶諮商的過程中，許多時候需要先經歷這種「加溫」的過程，讓扭曲、變形、冷卻後的憤怒，可以還以原貌，才有機會一窺究竟，知道在兩個人的關係中，真正發生了什麼事。

如果能夠讓憤怒，就像是丟直球一般，直接原汁原味地告訴對方，你所受傷、在意、不滿的部分，例如：「你剛剛那樣子說話，讓我很受傷。」「我覺得你講的話，很不尊重我。」「你為什麼可以跟那個女人亂來？我沒有辦法接受這件事情。」**愈清楚地表達，就愈有機會讓對方理解你**。

憤怒在還沒有表達出來之前，它就像是一個內在的破壞者，偷走關係的意義感與生命力，佛洛伊德稱之為「死之本能」，會在你的內在搞破壞。

而當你把憤怒丟出來的時候，有機會被對方理解與接住——這是最好的狀態——而當對方理解你的時候，你的內在空間就淨空了，也變得更有機會去聽懂對方所說的話，把對方的表達放進你的心裡。

只是**很多人，因為害怕自己的憤怒所帶來的破壞性，反而隱瞞、壓抑、扭曲，但是這並沒有讓憤怒消失，反而讓對方更難以理解與捉摸，而失去這種「良性衝突」的機會**。

所以，不要害怕憤怒，反而藉著憤怒，你可以知道，原來你有一些在意的點，是真的無法退讓的。而在溝通的過程中，你可以把重點放在那些你真正在意的點上，並且試著理解對方的立場，而不是貶低、攻擊對方，這樣，才有機會達到真誠、有效的溝通。

反過來說，當你感受到別人「還願意」對你生氣時，你心中一定會不舒服，但你也可以嘗試告訴自己，這種「願意表達憤怒」，代表你們兩個人還「有關係」。對方正在用這種方式，嘗試與你靠近，而你最終能感受到這些憤怒與不舒服有其意義。

五、除了憤怒，其實還有……

許多人害怕憤怒，會將憤怒藏起來，失去保護自己的能力；**也有很多人，會將憤怒披上迷彩服，用憤怒隱藏其他感受……**

我們常常因為恐懼憤怒，反而壓抑憤怒、扭曲憤怒；而憤怒之所以那麼具有破壞性，又或者我們總是離不開憤怒，有可能除了憤怒之外，還伴隨著許多其他感受有關，例如受傷、恐懼、羞愧……

（一）憤怒與受傷

有一次，我幫我的伴侶穿外套。在拉外套拉鍊的時候，我不小心讓拉鍊夾到了他脖子的肉。他當下反射性地「吼」叫一聲，我知道我弄痛他了。

當下，我有點委屈，但過兩秒，他也因為剛剛的脾氣，露出不好意思的表情，而我也知道，他當時的生氣，並不是怪我，而是覺得自己被弄痛了，很不舒服。

透過這個例子，我們可以發現，有時候，憤怒是因為自己「受傷」了。身體的受傷，有時會引起憤怒，若你的「心」受傷了，也時常是如此。

爸爸看到兒子回到家裡，超出原本預計的回家時間半個小時。焦慮、擔心又挫折的爸爸，不知道怎麼表達自己的關心，所以用半開玩笑的方式對兒子說：「那麼晚才回來，你去哪裡野了？」

兒子聽到爸爸這樣挖苦，心裡不好受，也回說：「我去哪，要你管。」接著甩門，躲進房間。

爸爸看到兒子這種拒絕自己的表現，覺得做父親的尊嚴被踐踏，同時對於兒子這樣對自己，心裡受傷又難過，所以為了掩飾自己的不舒服，也還以顏色：「你就這麼不把我這個爸爸放在眼裡嗎？你眼裡還有沒有這個家？」

兒子聽到爸爸這樣說，一方面覺得自己的自由被剝奪，另一方面，感覺爸爸每次總是拿著父親的權威和身分壓自己，心裡更反感。那種想掩飾自己罪惡感，同時想捍衛自己自由的心情，讓兒子既想躲起來，心裡卻又很不爽。

兒子丟下一句：「幹！」接著「砰」一聲甩上門。

父子兩個人的衝突，達到最高點。

仔細看看這過程，在他們父子兩人的憤怒背後，都有很多受傷、挫折、被貶低等等的感受。一方面在自己被刺傷的同時，感覺到攻擊與冒犯，自己也會本能性的反擊；另一方面，又為了要掩飾自己受傷的感受，所以需要武裝自己，便穿上盔甲反擊，最後卻總是兩敗俱傷。

我們知道**憤怒的背後，往往隱藏著受傷**。但是要告訴對方：「你剛剛這樣說話，讓我很受傷。」對很多人來說，非常困難。為什麼呢？因為這代表我要把我的脆弱面、柔軟，告訴對方。我可能要冒著聽到對方告訴自己：「你就是欠罵／我才不在乎你的難過……」這種殘酷的話，也就是**要冒著自己二次受傷的風險**。

其實有能力刺傷你的人，許多時候，是因為你在乎對方，他是你最親近的人。但也因為在乎對方，當你沒有防備地把最脆弱的自己呈現在對方面前時，你是會更在乎他對你說的話、做的事。只是，最後往往演變成最常見的悲劇：「我最深愛的人，傷我卻是最深」。

我曾經聽過一個人這樣描述他是不是要相信一個人，是不是要投入一段關係，是不是要表現真正的自己，他說：「當我跟你在一起時，我就給了你傷害我的權力。」

很多時候，正因為在乎，所以才會更容易受對方影響，被對方刺痛。一不小心，明明是相愛，卻互相戰鬥，演變成一種相愛相殺的折磨。

你的憤怒，或許正在提醒你，或許在那底下，藏著很深很深的傷口。

（二）憤怒與恐懼

或許你會想，憤怒與恐懼似乎是完全相反的兩個情緒，怎麼會被放在一起？但其實你從情緒「因應」的角度來看，就會變得很合理。

阿傑是個在學校被稱之為不良少年的迷惘孩子，時常蹺家、逃學。因為在家裡得不到歸屬感、在學校不被認可，他最終在幫派找到了歸屬感。阿傑有一群稱自己為「兄弟」的夥伴，總是很「挺」自己。

有一次幫派要打群架，夥伴說：「X，XXX欺負我們家兄弟。走啦，給他們好看！」阿傑之前其實偶爾會動手，但很少遇過這種大陣仗。

一晃眼，阿傑已經在鬥毆的現場。

一開始，阿傑的雙腿還在發抖，直到身邊的人開始大聲叫囂：「X！給他們好看啦！」阿傑心中的那一股恐懼，變成了憤怒，瞬間進入戰鬥模式。

阿傑跟兄弟們衝入現場。

當我們遇到危險時，生物本能讓我們進入三種應戰模式：「戰、逃、呆」。「戰鬥」與「逃跑」往往是遇到危險時，一體的兩面。

阿傑一方面害怕，所以更要壯大自己的聲勢，佯裝自己是憤怒的，甚至真的讓自己以為自己是憤怒的，以掩蓋自己的恐懼（而且太「孬」還會被笑），但其實背後是很深的恐懼。

阿傑後來被抓到輔導室。

心理師問阿傑：「你在那個時候，會怕嗎？」

阿傑愣了一秒後，哭了起來。

此時阿傑從一個桀驁不馴的不良少年，變回驚嚇的小男孩。

（三）憤怒與羞愧

此外，憤怒還與一種情緒非常有關係，那就是「羞愧」。舉一個與暴力有關的例子。

在我接觸家暴的經驗裡，大多數動手的是家裡的男性。大多數的人，會直接認定這位動手的人，是個加害者、壞人、情緒控管差的人。但仔細了解這位先生，你會發現這位先生動手的引爆點，往往是讓這位先生感覺「沒面子」、「見笑」（台語：丟臉）的事。例如：

太太察覺到家裡的經濟入不敷出，所以很焦慮地把這種無助感丟到先生身上。

太太不斷地說：「怎麼辦，家裡沒錢了，小孩子的學費怎麼辦？」

先生聽了壓力很大，他安撫太太：「我會想辦法。」但心裡也萬般焦急。

過了一陣子，家裡的錢還是不夠用，太太把不安的情緒更猛烈地轉到先生身上：「你吼，也不快點想想辦法，孩子很多錢都繳不出來……」

先生不知道怎麼回應，壓抑著許多自己也理不清楚的情緒，淡淡地回一句：「嗯。」

太太看到先生沒什麼反應，被勾起「不被在乎」的感受，她的內心被喚起：「先生這麼不可靠，我難道要靠自己嗎？」

太太著急起來，開始攻擊：「你到底有沒有在聽我說話？每次遇到事情，你都是這樣，只會逃避！」

先生聽了，覺得無法給家人穩定的自己，實在很糟糕。他感覺很羞愧，心裡煩躁了起來。羞愧轉為攻擊，他跟太太吵：「你只會出一張嘴，那麼會賺錢，你去賺啊！」

太太一聽，整個被惹毛，她開始無差別攻擊對方：「你吼，只會大聲，還會什麼？連錢也賺不了，你這男人沒用啦！早知道就不要嫁給你了！」

這句「沒用啦！」直指先生最大的痛點。

先生的整張臉漲紅。他反射性地打了太太一巴掌。

所謂的家暴，就這樣發生了。

我並不是說，先生的暴力情有可原，或者指責太太引發了這衝突。我只是要讓大家看看在這個過程中，**太太的憤怒或許是一種變相的求助，而先生的憤怒，則是一種被羞愧感給淹沒時，爆炸性的一種反撲，用憤怒來掩飾自己脆弱的一種舉動。**

（四）小結——憤怒與性別

綜合前面的主題，你會發現，有些人會極力地隱藏憤怒，因為這些人覺得憤怒會帶來破壞性，如果表達了，會不被喜歡。但另外一方面，憤怒又是穿在身上的迷彩服與保護色，其實是用來掩蓋或隱藏其他的情緒。

也就是說，有時候憤怒是內核，但是用其他情緒當外衣。有時候則反過來，在憤怒的外表下，其實，其他的情緒才是核心。

而在這種憤怒究竟是虛是實的區別之中，還有個重要的因素，可以放進來一併討論，就是「性別」。

我在學習諮商的時候，有個老師曾經說過一段描述：

「**女性大多數的情緒**，難過、挫折、恐懼、羞愧、憤怒等，**習慣用『眼淚』表達；男性大多數的情緒**，難過、挫折、恐懼、羞愧、憤怒等，**習慣用『憤怒』**表達。」

這固然與我們成長環境中，對於男女的教養不同。男兒有淚不輕彈，女性太兇，會被叫

「男人婆」或「沒人要」有關。

但研究也指出，對男人來說，沮喪、羞愧、害怕等會減損男子氣概[1]，因此用「憤怒」般的盔甲來偽裝自己，會覺得自己比較「強壯」；而對女性則剛好相反，即使生氣，都還是只能哭，因為在過去經驗中，憤怒準沒好事，內在甚至會有被討厭，甚至被拒絕的恐懼。

也因為這種「不一致」，所以男人常常不知道怎麼「討拍」求援。其實男人往往是非常挫折、需要身邊的人陪伴，但在別人再靠進一步，想要關心男人的時候，往往被他的憤怒狠狠推開。

而且男人甚至會告訴自己：「我不需要，我可以自己來。」藉此維持自己「男性的尊嚴」。男人心裡會想著：「如果我倒了，我怎麼還能得到別人的信任呢？」他們習慣所有事情都「一肩扛起」，他們沒辦法意識到，自己有時也是有需要、需要被照顧的。

而女人恰好相反。不懂得憤怒，就不懂得保護自己，所以即使受了委屈，例如對方劈腿了，也都只能哭著跟對方說：「你為什麼要這樣子對我……」而沒辦法嚴正地跟對方說：「我非常生氣你做出傷害我的事情。我沒有辦法接受！」在女人的眼淚中，有很多被壓抑的憤怒，旁人也不容易知道如何尊重這個女人的界線與原則。

與此同時，**很多女人，也發展出屬於女性獨特的「戰略」，也就是「把眼淚當武器」**，或是一邊哭，一邊偷偷地生氣。綿裡藏針，弄得對方靠近也不是，離開也不是，好為難。明明想照顧對方，但一靠近，卻又覺得自己怎麼會讓伴侶那麼傷心，而感覺到很有罪惡感，渾身不自在。

雖然上面依照性別分出兩大類、兩種現象，但並不是指「所有」男人、女人都這樣。不過，這不失為一個很好的觀點，去了解自己的性別，是否也影響了自己在經歷憤怒時，成為了阻礙或偽裝。

六、如何面對自己的憤怒？

最後，與大家談談，如何面對自己的憤怒情緒。我分為「害怕憤怒」以及「被憤怒控制的人」，並各給兩點建議。

◆對於「害怕憤怒」的人：

（一）能說，就不會做

大家非常不喜歡憤怒的其中一個原因，就是憤怒會帶來許多的「破壞性」，可能小至肢體衝突，大至社會案件，這都會造成我們身心傷害。而我們沒有人會希望自己或身邊在乎的人受到傷害，所以就會迴避衝突。

不過，心理學有一句話：「能說，就不會做」；那些不能透過語言表達出來的（speak out）的，就會行動化（acting out），反而會透過行為表現出來。

所以，當你的孩子、伴侶會與你吵架的時候，你反而要覺得很開心，因為他「還能說」。而只要好好地去應對這些憤怒，就不用擔心這個憤怒，會繼續升級，變成暴力。

（二）練習憤怒，增加戰鬥經驗

最後，許多人對於憤怒的恐懼，是根深柢固的，因此從來不敢使用自己憤怒的力量。很多女性一旦要對別人生氣，她們往往在要開口的那一瞬間，眼淚就嘩啦啦地掉了下來，氣勢馬上銳減。

因此，**或許可以先從一些比較安全的關係，開始練習憤怒**。對有些人而言，認識的人，是個練習憤怒的好對象，不過，你需要先跟對方打聲招呼，例如：「我常常很壓抑我自己的感覺，我希望能夠練習表達我真正的感覺。」又或者是我一開始練習憤怒，我是先找店裡不認識的服務人員。我刻意針對一個平時我其實不太在意的小問題，**練習跟店員「客訴」**。

我還記得當時客訴的理由也算是合情合理，但離開店裡時，自己卻滿身大汗，緊張得要命。但這經驗，對我來說非常重要。這是我對憤怒的初體驗。

當然，也再次提醒你，**表達憤怒不一定要張牙舞爪。重點是透過憤怒來表達自己的立場，捍衛自己的領地，讓你的聲音可以被聽見。堅定、嚴肅，但不情緒化地練習表達。**

如果你是恐懼憤怒，從來不敢表達自己立場的人，偶爾讓自己有一點小衝動，也不見得是一件壞事喔！

◆對於時常被憤怒控制的人：

（三）保持憤怒——但降低破壞性，保持關係

有個朋友曾經告訴我，他為什麼那麼害怕生氣，是因為他害怕自己被討厭、看起來像個瘋子。

也就是說，他不知道，憤怒可以不失控、不野蠻、不粗暴，甚至可以用來建立關係。

而當我告訴他，衝突其實可以用來建設關係。他說，這個觀念，實在太重要了！

如何用衝突建設關係？其中一個方式，是盡可能表達自己的感受，而不是指責對方。

但即使你真的指責了對方，這也不見得不好，但請記得關注自己內在的感受。如果你想的是：「想讓對方感覺痛苦」、「想與對方同歸於盡」，這種兩敗俱傷的想法，通常就是比偏向

「破壞」的力量，還要大一些。

另一個重點，則是**在表達憤怒時，還要能夠記得，「保持關係」**。

很多人對於憤怒的恐懼，來自於憤怒會帶來關係的斷裂，會體驗到「拋棄」與「被拋棄」的恐懼。例如一言不合，就轉身離開，或是直接在現場玩起手機來。

我聽過有人說，每次他與另一半吵架，吵得很兇時，對方總會撂下一句話：「你就等著準備收屍吧！」然後就往外衝。當時那些他本來要朝著對方的憤怒，馬上被害怕與罪惡感淹沒——害怕失去對方，又怕自己鑄下大錯。若每次的憤怒與衝突都是以這種方式收場，也難怪到最後會不敢發生衝突。

而上述這些緊接在憤怒之後的拋棄、關係斷裂，反而才是衝突之所以帶來破壞性的原因。

因此，當你在表達自己的憤怒時，一方面忠誠於自己真正的想法、不壓抑，但另一方面，在表達的當下，若太困難，至少在衝突結束之後，請記得，眼前這個人，是你在乎、感覺親密的人。保持這種意識，相信你就不會那麼容易讓憤怒控制你。

（四）完成憤怒的目的——自我保護，減少衝動

請記得，憤怒的目的，一部分固然是宣洩，但更重要的是，憤怒往往是用來自我保護，恫

嚇那些冒犯你的人，劃清你、我的界線。

也就是說，若你「不見得」需要透過憤怒的方式，能夠用「清楚闡明自己立場」的方式自我保護、劃清界線，那將會是一種很有智慧的方式。

反過來說，如果對方真的是白目到在你不生氣的情況之下，聽不懂人話、沒辦法重視你的需求，或許你才需要加強表達憤怒的強度，把憤怒的力量拿出來使用。

憤怒，不總是要破口大罵，也可以「優雅」地表達憤怒。

最近這幾年，我比較能夠堅定、明確地告訴對方：「你剛剛那樣說，我很生氣，因為……」當我這樣說的時候，一方面因為我在意的點，我講得很清楚，所以知道可以如何持續對話與溝通，我也知道自己的立場。

另一方面，雖然我表達情緒，但這些情緒完全不會讓人感覺到失控，更不會暴走或崩潰，所以對方不會感到恐懼。

無論你是用優雅的方式，或是強而有力的方式表達憤怒，都能在憤怒的當下，保持一定程度的自我控制（但不是壓抑與隔絕），那麼，憤怒也就不會成為反噬你的可怕怪獸了。

希望大家能夠有效、有建設性地，用憤怒保護自己，建立更真實與親密的關係。

第二節、憂鬱

小哲在學生時期，大家都覺得他是陽光男孩，不但參加籃球校隊、吉他社，又交了一個漂亮的女友，學業成績也非常優秀，後來考上台大，申請出國留學。

但在這麼陽光、優秀的小哲背後，當你開始真正認識他時，會發現他心裡一直躲著一個對自己很嚴厲的自己。他做每一件事情，往往都是「全力以赴」，未達目的，絕不停止；而他一直以來，也背負著家裡的期待、社會眼光的光環。他總覺得自己做的一切事情，不只是為了自己，還要為了身邊的人，不讓別人失望。

這種自我要求，很容易在小哲有一些小失敗，回到自己一個人的空間時，不斷地檢討自己，甚至對自己非常生氣：「我今天怎麼XXX沒做好呢？」但回到大家面前時，他又變回了那個笑口常開的小哲。

而真正擊垮小哲的，是他交往六年的女友。在他當兵的時候，女友提分手了。小哲完全無法接受，他這麼努力，他是一百分的完美男友，怎麼會是這種結局。

小哲不斷地檢討自己，找尋原因：「一定是我哪裡沒有做好。女友常常說我不夠貼心，可能我在當兵的時候太少有機會陪她、可能……」但找了千百種原因，小哲也不知道哪個原因是「對的」，然後每當有機會與女友說話，他都是哭喊著：「拜託你不要離開我，我會改。」而那種歇斯底里的樣子，讓女友從心疼，到產生罪惡感，到最後卻心生煩躁。女友最後對小哲說：「對不起，我之後不會再跟你見面。」

而在女友真正離開小哲後，小哲陷入完全的憂鬱。他大量的自我懷疑，更討厭分手前的那個自己。最後睡也睡不好，吃也吃不下，曾經喜歡的籃球與吉他，再也勾不起小哲的興趣。他的身心出現極大的問題。最後，在朋友介紹下，小哲來到了我面前……

一、憂鬱症與憂鬱

憂鬱，是本書要談論的第二個重要暗黑情緒。

憂鬱症號稱是二十一世紀的心理健康殺手。台灣兩千三百萬人，大約百分之八點九的人有憂鬱症，所以約莫是兩百萬人，其中，有百分之十五的重鬱症患者，最後以自殺結束生命。

罹患憂鬱症的人，會感覺憂鬱像是黑洞，吸乾所有的能量。你會不想吃、睡不著、不想動、失去原本你所擁有的熱情與興趣，或者是反過來，像是心裡有一個填也填不滿的黑洞，你一直吃、一直睡，但好像永遠都沒辦法被填滿的感覺。

然而，**「憂鬱」並不等於「憂鬱症」**。

憂鬱症，是心理疾病，是大腦的神經傳導物質血清素、多巴胺等等的分泌異常，在生理機制上，與沒生病的人有顯著不同。而憂鬱，則是每個人，或多或少，在遇到重大挫折時，可能都會有的一種狀態或是傾向。

至於憂鬱情緒，則是每個人都會有的正常反應。有時遇到一些不順心的小困擾，突然聽到一首悲傷的歌，想起一段傷心往事，可能都會讓你感到憂鬱，甚至天氣陰鬱或陰雨綿綿，太少曬到太陽，也可能讓你心情悶悶的，沒什麼活力。

以女性來說，每個月的月經週期或生產前後，都可能會因為荷爾蒙的變化，而有一個正常的憂鬱週期。男性也有類似的週期，只是不如女性那麼明顯。以我自己來說，我的憂鬱週期大概一個半月左右，一次大概持續三至七天。那時，我會覺得整個人變得很緩慢，且莫名的有一點點惆悵，甚至會開始掉入自己的思緒漩渦裡，但不見得是因為有什麼明顯的外在刺激。

若把憂鬱與憂鬱症類比成身體的現象，可以想像成憂鬱就像是你運動完之後的肌肉痠痛，有一些不舒服，而憂鬱症像是你之前跑步不小心「骨折」。對於憂鬱，你可以像是處理肌肉痠痛，只要稍作休息，即可恢復，但對於憂鬱症，它是從大腦、生理機制上，就有顯著的不同，所以並不是簡單轉念或休息就能恢復，需要妥善的對症下藥。

你對於憂鬱症患者說的那句「你就想開一點。」「為什麼不讓自己快樂起來呢？」那就像是，你要求一個已經受傷、骨折的人，繼續跑馬拉松，甚至，你自己也希望那個骨折的自己，還能夠繼續完成馬拉松比賽，**這都是非常不合理，甚至非常殘忍的事情**。

至於要怎麼區分這兩者的不同，網路上有一些簡單的自我檢測量表，但我更建議直接前往身心科診所。透過醫師或心理師專業的判斷，協助你評估自己處於什麼狀態。

二、憂鬱＝不愉快＋對過去自己的負向評價

從生理角度出發，荷爾蒙的分泌、周遭環境的刺激，絕對與憂鬱情緒有關。

而從心理角度出發，什麼是憂鬱呢？

憂鬱的本質，是「不愉快＋過去的負向評價」，也就是，我**對於「過去自己的不滿」**。

太宰治在《人間失格》裡提過一句非常有名的話：「生而為人，我很抱歉」，也就是，他認為自己的存在，是徹底的錯誤。他對自己有很深的貶抑。

許多憂鬱的人，是因為他懊悔上個禮拜的那一場報告，居然在台上口吃或胡言亂語，又

或者是痛恨上個月，與曖昧對象告白時被拒絕的自己，覺得自己很糗，怎麼會癩蛤蟆想吃天鵝肉，或是想起去年拚了命地準備考試，卻還是落榜，而感覺自己是個很笨的人。

這些不愉快的經驗＋對過去自己的負面看法，會讓你憂鬱。

三、過度的憂鬱——變相的自我傷害

不過，人生總會有一些對自己的不滿意與懊悔，不可能事事順心，所以反省自己，也不總是件壞事，有時還會幫助自己進步與成長得更快。

所以，是什麼讓「憂鬱」升級成「憂鬱症」，讓你掉入擺脫不了的情緒黑洞呢？我嘗試歸結出幾個長期深陷憂鬱的人內在的心理狀態。

（一）憂鬱是對於自己的二次傷害

1自我傷害——「反芻」最糟糕的事

有一種情況，會讓憂鬱連綿不絕、持續不斷，甚至演變成憂鬱症，那就是自己對自己的傷害。

很多時候，憂鬱是對自己的二次傷害。這是什麼意思呢？很多憂鬱的人，可能在最開始，有一件讓自己很不開心的外在事件，也許是報告不順利、告白失敗、被分手、落榜等，這時的憂鬱或挫折是很正常的。甚至是有人說了一句批評你的話：「你真的很胖很醜、我真的很討厭你、不想再看到你……」這種話真的很傷人，任誰聽到都會受傷。但嚴格說起來，這句話的傷害，就僅止於這個「當下」。

但是**會深陷憂鬱的人，不只受「事件本身」打擊，而是會不斷、不斷地「複習」這件事**。他們會在腦袋裡上演一百次報告不順時，同學在台下竊竊私語的畫面。上演一千次心儀的對象拒絕自己時說的那一句：「對不起，你不是我的菜。」被發好人卡的那個瞬間。他們會複習所有對話裡頭，最最傷人的那句話。

這狀況，就像是別人射了你一箭，留下一道傷口，而你卻把這箭拔出來，再刺傷自己，再拔出來，再刺傷自己……如此反覆地傷害自己。

2 對自己的「憂鬱」，很有情緒

或者是，許多深陷憂鬱的人會如此不可自拔，是因為「對於自己的憂鬱，很有情緒」。

例如，當你挫折、憂鬱時，你需要一些時間復原、喘息，但身邊的人，卻著急地希望你不要一直停留在原地，而你也會怪自己「為什麼自己還不趕快振作起來」，**你對自己的憂鬱很「生氣」**。

或是你覺得自己的憂鬱，怎麼永遠都好不了，所以**對自己的憂鬱很「絕望」**。或是一想到自己的憂鬱，竟然會帶給別人困擾，感覺自己是身旁關心自己的人的麻煩，因此**對自己的憂鬱感覺很「羞愧」**。這些都是從「憂鬱」衍生出來的「其他情緒」。

所以到最後面，你憂鬱的對象，已經不是當初發生的那一件事情，而是現在那個憂鬱狀態的自己。

愈憂鬱就愈責怪自己，愈責怪自己，就愈憂鬱，而形成一種自我否定的循環，如下圖。

如果把心理的憂鬱轉變為身

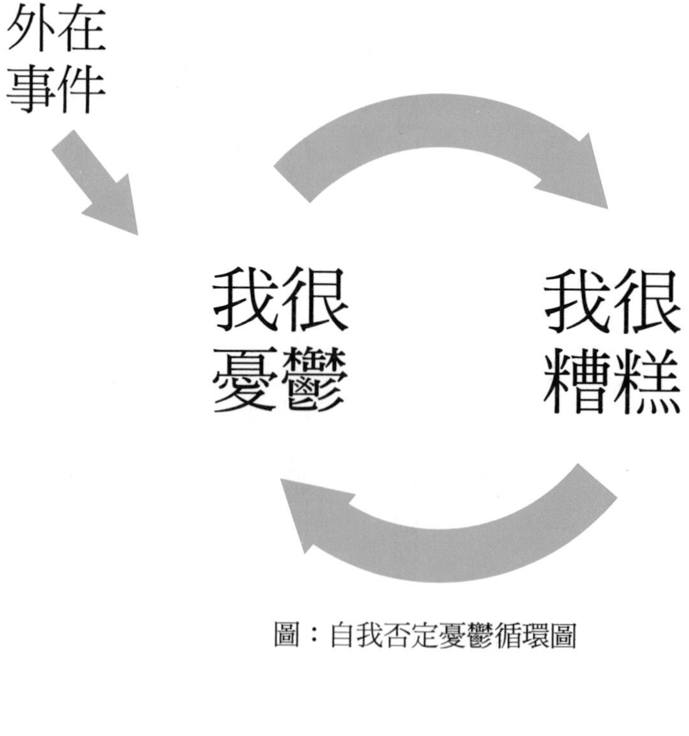

圖：自我否定憂鬱循環圖

體的受傷，作為比喻，那就像是你的腳已經扭到了，應該要停下來休息、療傷，但你卻還是逼著自己，一定要往前跑，還要跑得跟別人一樣快。

而對於那個明明因為腳痛而跑不動的自己，你還大罵自己：「都是我太差勁，才會讓比賽輸掉。」且你還對自己的雙腿說：「都是這雙笨腿，才害我輸掉。」

其實，**這是對自己很殘忍的一件事情**。

（二）憂鬱與家庭腳本——內化的負向自我評價

前面這種近乎自我傷害的自我評價，是從哪裡學來的呢？

之前我曾看過一段影片，是兒福聯盟發起的體驗活動。影片中，兒福聯盟請一位又一位的成年人體驗者，坐在一張椅子上。接著有很多人走到這張椅子前，對著椅子上的體驗者說：「我為什麼會生下你？」「你真的是老鼠屎。」「早知道就把你掐死……」「你真的是賠錢貨。」「你真的很沒有用，生下來真的是拖累大家……」「你好臭，根本就是垃圾啊！為什麼家裡會有你這種小孩啊？」[2]

事後訪問這些坐在椅子上的成年人的感受，他們說：「很難過、很害怕……」「雖然知道那是氣話，但還是會很受傷。」「那是會一直記在心裡面的……」「連一個成年人都受不了，更何況一個小孩子怎麼能夠承受。」許多人談一談，甚至都流下了眼淚。

這些話，對已經長大成人的成年人而言，都是莫大的傷害，對於孩子而言，更是難以承受。

而許多深陷憂鬱的人，可能是因為小時候遭遇過類似的待遇。

例如，常常被用打罵的方式對待。被打的時候，他們常常覺得自己是個糟糕的孩子，最好不要存在。也有可能是家中有非常嚴格的父母，孩子達到父母的標準是「應該」，如果不達標，則是「丟臉」，長期下來，容易讓孩子覺得自己沒有價值。或是孩子可能是有著完美主義、過度控制的父母。只許孩子成功，不許失敗，否則就會招來一陣責罵或碎唸，而他們就帶著這些被批判的聲音長大。

人類有一個心理機制，叫做「內化」：我們會將一些發生在我們身上的經驗，變成是我內在的一部分，而且，通常是不經區辨，囫圇吞棗地吞下去。

舉例來說，**如果小時候常常被父母要求、被罵，我們雖然一方面，非常痛恨這種感覺，但另一方面，我們又會「學習」這種嚴厲的方式，在自己達不到標準時，也會開始責罵、挑剔、否定自己。**

最後從別人傷害自己，變成自我傷害。這變成一種習慣。

所以，憂鬱是一種內化了自我傷害的習慣。

當我們長期地被批評或傷害時，我們的心中將分裂成兩個部分，一部分變成了當初傷害自己的人（或聲音），另一部分則處在「被傷害」的位置，聽著自己對自己說的那些評價的話。**「加害者」與「受害者」都是自己**，最終則無法放過自己。

在你的腦袋裡，不斷重複著的那些自我否定，或許是在小的時候，爸爸或媽媽曾經告訴過你：「要不是因為你，我才不會過得那麼痛苦。」「為什麼你就不能夠爭氣一點，讓我放心？」**憂鬱的核心，是對於自己負面的評價。而這個負面的評價，往往在最開始，不是你自己給自己的，而是身邊一些重要他人，透過直接或間接的方式，讓你體驗到的。**

當然，也有許多人的負向經驗，不見得是從父母，而是被某個很嚴厲的老師羞辱過，內化而來的。

有時候是因為某些原因而被同學排擠，自己發展出一個歸因：「一定是我哪裡惹人厭，才會被討厭……」或是從小爸媽就經常不在家，你在心中想著爸媽是不是不在乎自己，因此對著自己說：「或許爸媽並不愛我……」這些經驗，都有可能默默地成為你的人生腳本，而你往後的人生，若沒有意識到，將會不斷地重複這些台詞與劇本。

（三）對憂鬱／痛苦成癮

長期待在憂鬱裡的人，有時還會產生一種情況，是對痛苦「上癮」。

「什麼？怎麼可能會對痛苦的感覺上癮？」或許有的人會這樣想。但別太驚訝，這種人還不在少數。

其實待**在「憂鬱」的情緒裡，雖然「痛苦」，但卻很「熟悉」。某種程度上，其實可以帶給自己一些「控制感」**。因此，對有些人來說，待在憂鬱或痛苦的感覺裡，**反而讓自己覺得很「安全」**。

我諮商過許多個案，在困擾漸漸好轉的過程中，個案反而告訴我：「現在我憂鬱的時間愈來愈少了，這應該是一件好事，但我有時候卻會覺得這種感覺……好奇怪。」因為個案此時反而對於這個不憂鬱的自己有點陌生，不知道要怎麼繼續生活。

我想起自己在青少年時期，有一種少年維特的煩惱、為賦新詞強說愁的淡淡哀傷。但這種憂鬱，卻會有種莫名的吸引力，覺得「泡」在這種憂鬱裡有種「美感」。一直到現在，我還是熱愛看悲傷的電影、聽悲傷的歌。這種特殊的心情，很難以言說，但卻真實存在。

人常常是很矛盾的。意識上，每個人都想讓自己愈快樂愈好，但潛意識裡，或許我們常常離不開過去的自己，所以反而產生一種對於憂鬱的眷戀，甚至對痛苦上癮。

還有一種情況是，**有人在潛意識中相信，一個人若一直困在某種憂鬱的痛苦情緒裡，是一**

種對家族痛苦的「忠誠」。例如，父母很痛苦，孩子在潛意識裡，會認為自己沒有資格過得比父母還要幸福，否則是一種心理上的背叛。

（四）憂鬱是「憤怒的迴射」

佛洛伊德說「憂鬱是一種無法對外表達的憤怒，轉回來對向自己」，這在心理學裡稱為「迴射」。你可以想像，你的憤怒像是往外丟的迴力鏢，本來要攻擊敵人，最後卻回過頭來打中自己。

仔細觀察，你會在許多憂鬱的人身上發現，他們對於那些傷害自己的人，是有憤怒的。只是憤怒無法對著這個人，情緒發不出去，只好對著自己生氣。例如，我常聽到：「都是我不懂得拒絕，才會讓他這樣子對我。」

「憂鬱是憤怒的迴射」的說法很玄妙，雖然不總是通用，但是確實非常具有參考價值。在我的實務工作上，的確很常見到：「**當事人非常善於對自己生氣、傷害自己，但卻很難對其他人生氣**」，又或者是：「雖然會對其他人生氣，但在自己對他人生氣之後，馬上興起罪惡感，反而進一步地批判自己，怎麼可以對別人生氣。」

這種狀況，會發生在許多關係裡，但最常發生在孩子與父母的關係。

我們的文化，不允許孩子對父母不滿。「天下無不是的父母」，的確大多數的父母，都是愛孩子的（但在這裡，我也必須誠實地說，是大多數的父母，而非全部的父母），但父母愛孩子，也不見得會用「正確」的方式對待孩子。

有時父母求好心切，反而不小心變成過度焦慮，或是壓迫。例如謾罵與過度管教，都是在父母「太愛孩子」的情況下衍生出來的。

而孩子其實對於自己被這樣對待，是非常不舒服的，甚至想要反抗。但是，一旦當孩子對父母表達不滿與生氣時，有些父母會說：「我對你這麼用心，為什麼你就不能體會呢？」或是用更高壓的方式壓制孩子的情緒。不論是非對錯，都會告訴孩子：「不論怎麼樣，講話都要有禮貌。」「我是你爸／媽，你怎麼可以用這種語氣對長輩說話？」

這都會讓孩子被逼得要把自己的情緒吞下肚，所以對父母的憤怒，也就沒有辦法如實地表達出來，**甚至到了最後，也會認同父母的想法：「既然爸爸媽媽這麼不開心，那一定是我哪裡做得不夠好」，而開始嫌棄自己**。

但實際上，那些對自己的不滿、生氣，很有可能原本是要朝向父母的，但卻回過頭來對向自己。

又或者有另外一種狀況，是當自己身邊的親人過世時，也會陷入很深的憂鬱。在這份憂鬱裡，有一部分是因為「失落」了一個重要的對象，而需要一段時間好好哀悼。但也有些狀況，其實是對於「你怎麼就這樣離開我了……」的憤怒，生氣著自己被拋下。

但是，「對於過世的人生氣」這件事情，也不是我們的文化允許的，所以那些原本對於死者的不滿，可能也會轉而朝向自己。

我見過許多失去至親的人，他們開始好起來的契機點，是終於可以對著那些非常親愛的人，表達出憤怒。而在那個瞬間，自己也才能夠真的放下。因為**自己會發現，原來我非常愛他，但同時也非常氣他**，而愛與恨，到頭來發現，原來是同一件事情。

所以，我非常非常鼓勵憂鬱的人，如果有機會，在一個安全的情境下，適度地去經驗、表達自己的憤怒，尤其是那些曾經傷害過自己的人。

這非常有助於讓一個人長出自己的力量，而不是把那種憤怒轉為一種自我傷害。

四、憂鬱為什麼這麼難擺脫？——肯證偏誤、情緒關聯記憶、反芻性思考

上文提到憂鬱的心理機制，我們理解了，但相較於其他所有的情緒，為什麼我們還是那麼

容易「深陷其中」？

這就要談到三個機制，第一個是肯證偏誤，第二個是情緒關聯記憶，第三個是反芻性思考。而這三個機制，搭配前面所說的自我否定、自我傷害，那就是孕育憂鬱的完美溫床啊！

（一）肯證偏誤

肯證偏誤（Confirmation bias），指的是一種人類思考的習慣性謬誤，是我們人類會傾向於尋找符合自己原本假設的證據，來支持原本自己的想法。

運用在憂鬱這個主題上，就是**當我們覺得自己很糟糕、被別人討厭的時候，我就會在過去的經驗中，在與別人的互動中，盡可能地尋找相關的線索**。例如，我就會想起：「上個禮拜報告的時候，台下的人好像都竊竊私語地笑著，一定是我報告得很爛。」「大家分組的時候，沒有人主動來找我，一定是因為不喜歡我。」

其實原本你可能已經在一個糟糕的感覺裡，所以你就會篩選所有相關的經驗，例如「別人在笑」、「又沒人找我分組」的這些客觀事實，來證明自己有多糟糕。

（二）情緒關聯記憶

這與肯證偏誤是很類似的概念，但更著重在「情緒」這件事情上。也就是當一個人在憂鬱的情緒裡時，大腦自然會想起相關的經驗。

例如，當自己因為被分手，而非常難過，陷入憂鬱狀態的時候，就會想起：「從小在家裡，媽媽就比較疼弟弟，自己的求學過程不順利，考了一間很後端的學校，也沒什麼好朋友，最近談戀愛又失敗，真的是很慘，人生真絕望……」一連串的情緒記憶就會像泡泡一樣，啵啵啵地冒出來。

而在憂鬱的情緒裡，也很容易忘記，明明上個禮拜才有一個朋友告訴自己，自己是個很溫柔的人；也會記不起來，上一週才因為期待很久的繪畫比賽得了一個獎項，而被肯定的事。

（三）反芻性思考、過度的自我分析

什麼是反芻？反芻就是牛在吃草時，會把吃完的東西，吐出來，再吃回去，再吐出來……聽起來很噁心，是吧？但我們人類在憂鬱狀態的時候，就是這樣做。

我們會像是壞掉的唱片一樣，不斷地跳針，想著同一件事情，跳脫不出來這個無盡的循環。例如，你不斷地回想著你被主管罵、在台上出糗的畫面。

其實「反芻性思考」原本的功能與目的，是希望透過這種形式的思考，找到某種出路或可能性，然而反芻性思考卻與下一章要提到的焦慮很像，很容易「使用過度」，這反而讓一個人愈陷愈深。在心理學的研究裡，也有大量針對「反芻思考」與「憂鬱」的關聯，**反芻性思考可以說是讓人深陷憂鬱的最大殺手！**

從反芻性思考，我也衍生出一個概念，叫做「過度的自我分析」。

什麼叫做過度的自我分析呢？就是你在做了一件不盡理想的事情時，你會不斷地「檢討自己」，想著：「或許當時我哪裡沒有做好」、「或許這邊是我的問題」、「或許我應該對自己的情緒管理還要更好一些」。可能很多的自我分析，背後的目的，是要讓自己變得更好，但更多的時候，你變成了「問題的專家」，或是專找錯誤的「啄木鳥」。

更要小心的是，**過度的自我分析，一不小心就會變成是對自己的一種暴力**。

上述所說的，無論是反芻思考或是自我分析，都是想要透過不斷地思考一件事情，希望最終有機會找出這件事情的解決方案或意義，來改善自己。但是這種反芻性思考，若變得過於執著在某個特定的點上，或是看起來是想要改善現在的處境，但思考的方向卻全部都是「自我檢討」、「挑自己毛病」，這時問題不僅沒辦法解決，更會把自己帶往自我批判與憂鬱裡。

有趣的是，**這種自我檢討、自我反省、自我分析，特別容易發生在高學歷、高社經水平、高認知水平的人身上**。有時長期接受心理學知識的人，一不小心，也會落入這個陷阱。

我從高中開始都是讀第一志願，南一中、台大心理系、國北教心諮所。在我周遭的人們，往往都是社會上說的聰明人、好學生，但因為頭腦發達，所以會更具備良好的「自我反省、自我分析」的能力，也可以更「罪證確鑿」地挑出自己的錯誤。

如果這個人，剛好認知水平很高，但對自己的自信、自尊、自我價值是低的，你會發現，這個人會變成打擊自己的專家，因為自己最了解自己的痛點，所以每一次的檢討，都是往自己最痛的傷口上戳下去，這傷害自己的畫面是多麼血肉模糊。

那本來企圖要幫助自己成長的自我分析，反而變成是對自己的一種暴力。

（四）小結

合併以上幾個心理機制，你會發現，一旦當我們掉入憂鬱的情緒，我們就會找尋一切相關的證據、最憂鬱與糟糕的記憶，來證明自己的糟糕。並且會不斷地、反覆地重複做這件事情，直到自己筋疲力竭。

所以我常說，**不要輕易相信，當你在心情不好時所想到的事情**。

因為，在你憂鬱的時候，很有可能你所想到的事情，都是這些心理機制在你大腦搞的鬼。而這也是為什麼，我常建議憂鬱的人運動、作畫、煮菜、跟寵物玩、深呼吸，做一些「不用腦」的事情。因為這時候，能適度地幫你轉移注意力，而不是停留在這些負面的反芻性思考上。

五、憂鬱的目的

最後，請你想一想，憂鬱讓人深陷其中，偷走你所有的動力，那為什麼還要有憂鬱這個情緒呢？

（一）得到關心與休息

在電影《腦筋急轉彎》裡，導演把所有的情緒都擬人化，而憂鬱的代表人物，就叫「憂憂」。憂憂一開始是被象徵快樂的「樂樂」所討厭，因為樂樂覺得每當「憂憂」出場，就會破壞一切的事物。明明開心的回憶，也會被染上憂鬱的色彩，還讓人無故撲簌簌地開始哭了起來。不想動、不想出門、不想跟人說話，完全失去了活力。

而憂憂也很討厭這樣子的自己，覺得自己總是給小女孩帶來麻煩。

可是在片子的最後，小女孩原本強忍好久的情緒，在見到最親愛的爸爸媽媽之後就潰堤了。小女孩心裡的那份悲傷，被爸爸媽媽看見了，他們給了小女孩大大的一個擁抱。這時小女孩才想起，原來當自己悲傷、難過的時候，身邊其實有很多人願意關心自己。

所以，我們可以知道，憂鬱至少有兩個最重要的功能：「休息」，以及「引起別人對自己的關心」。

也就是說，**當你憂鬱的時候，你需要做的，就只是「什麼都不要做」。讓自己好好地休息，好好地在失落、悲傷、挫折的情緒裡待一會兒，也好好地接受別人的關心**。等到你休息夠了，再重新出發，就可以了。

（二）憂鬱是心中的月亮——向內反思，尋找意義

快樂、活力，就像是我們心中的太陽，而憂鬱，就像是我們心中的月亮。請你試著讓自己沉澱，想一想，月亮在你心中，有什麼感覺？象徵著什麼？

對我來說，月亮是太陽的反射，存在於白晝的反面——黑夜裡。

我們大多數的人，白天工作，晚上休息。因為太陽帶給我們活力，我們從自己的身體裡拿出力量，貢獻社會，同時也賺得一些報酬或知識；也像植物行光合作用一樣，一方面產出，一

方面培育自己及他人的生命力。

夜晚，則是月亮出場的時刻。想像你吃完晚飯之後，走到戶外散散步，晚風輕拂你臉頰的舒服感，或是忙完了一整天，洗好澡，你躺在自己熟悉的沙發或床上，嘗試放下一整天的疲倦，讓自己的身心、紛擾的思緒，漸漸地沉澱下來。

很多人說，在夜晚來臨時，文思泉湧，適合創作，我自己也喜歡在深夜思考、寫作。因為憂鬱與夜晚，都是一個極佳地「與自己在一起」的時刻。

所以「憂鬱」，讓我們有機會把原本投注到外面的能量，收回到自己身上。**我們向內反思、探索，更深刻地看見自己、認識自己，並理解「我，是誰？」**。

六、如何與憂鬱共處？

前面花了這麼多時間理解憂鬱。那麼，我該如何更好地與憂鬱共處，而不是被憂鬱吸乾能量呢？

（一）停止反芻式自我傷害

前文提到，憂鬱的本質是「不愉快+對過去自己的負面評價」，甚至到最後會用內化的自我評價或檢討。本意要改善自己，但卻變成變相的自我傷害。

而且這種自我傷害，還會透過不斷尋找與自己當下憂鬱情緒相符合的負面證據，來「證明」自己果然是很糟糕的，並且「反芻」這些糟糕的訊息。

你不斷嘗試在上述這種困境中尋找出路，但**這裡有個最大的陷阱：「你以為再多想一點，多檢討自己一點，再多努力一點，事情就會順利」，但實際上，當你反芻著那些糟糕的事情時，你其實正在餵養你的憂鬱**，你容易愈陷愈深，因此，你必須要停止這種自我對待。

怎麼停止？嘗試轉移注意力，並做一些「不用腦」的事，例如看韓劇、跑操場揮灑汗水、與朋友聊天、出門走一走。做任何事，只要能「減少」（或許在那當下無法完全「停止」）這種「習慣性與反芻式的自我傷害」的任何事，都值得做。

相關的做法，可以參考「焦慮」章節的〈如何應對焦慮——不用腦，活在當下〉以及第四章的〈擺脫暗黑情緒〉。這些方法都可以有效地幫助自己，先暫時從最「膠著」的狀態中脫身。

或許有人問，這不是「逃避問題」嗎？但別忘記，當你在反覆自我思考時，你早已被自己內在的反芻累得半死，無法解決問題了，更不用說，在這個當下，你所思考的訊息，往往偏離事實，是你用來挫敗自己的。

如果你真的想透過自我檢討，讓自己變得更好、進步、成長，那也不要「現在做」，而可以等你休息過後，再出發。

當然，**如果反芻的力量太過強大，沒辦法停止，至少可以先「意識到」，我正在用檢討、憂鬱折磨自己，這是非常辛苦，甚至殘忍的。**

增加「你是如何對待自己」的覺察，是改變的第一步，也是最重要的一步。

（二）微調「月亮」與「太陽」的比例

引用前面月亮與太陽的比喻，你也可以嘗試讓自己「減少一點月亮，多增加一些太陽」。這是什麼意思呢？月亮象徵腦袋的向內思考，太陽則象徵身體與行動。因此，所謂的「多一點太陽」，包含「實際上」，真的讓自己多曬一點太陽。

研究證明，曬太陽有助於增加血清素（血清素可以舒緩情緒，有效調節憂鬱），或是多做有氧運動，以增加腦內啡（自製的天然嗎啡，可以增加幸福感，效果是嗎啡的六倍以上）、多巴胺的分泌（改善情緒、增加幸福感），或是洗澡後擦上自己最喜歡的玫瑰乳液，喚醒感官。

做愈多「不用腦」的事情，就愈能減少困在反芻思考的機會，而可以把囤積在「腦袋」的能量，投擲或轉移到「身體」上。

從象徵意義上來看，當然也可以做一些給自己帶來能量的事，例如看一部喜歡的電影、與好朋友聊天，或犒賞自己一頓美味的大餐。

但切記，所謂的「多一點太陽」，**不要矯枉過正，變成「失控的正向思考」**。當你過度地強調自己「一定要正向、樂觀、開朗」，其實反而是否定憂鬱的存在。但憂鬱不可能完全不存在，就如同月亮也一定會月升月落。

我看過許多過度強調正向思考的人，其實都是在「撐」。他們恐懼自己內在「月亮」的力量，自然也無法好好地善用，甚至整合內在的兩股力量。

（三）接納自己現在的狀態

如同前文所說，很多時候，**我們憂鬱的來源，是源自於我們對於「憂鬱」的不接受，我們希望自己可以更快地好起來**。這並不是壞事，但這種自我期許，很有可能變成自我壓迫。

當然也包含前文提到「停下反芻式的自我傷害」、「調整太陽與月亮的比例」這些改變，當我們「沒辦法馬上做到」時，我們也需要如實接納。

當然，如果上述這些方法，都還是沒辦法擺脫深沉、濃稠的憂鬱，那麼，找一個專業的心理師，也是非常好的選擇。

第三節、焦慮

媽媽：「你功課寫完了沒？等等寫完功課還要洗澡。快一點，不然要沒時間了！」

孩子：「好啦……」

媽媽：「老公，你看你兒子啦，也不管管他。」「還有，我不是跟你說不要常開窗戶，不然地上全都是灰塵，打掃起來很辛苦欸！」

爸爸：「你已經打掃得很乾淨了，地上這些灰塵不會太嚴重啦。」

媽媽：「那還不是因為我每天都在打掃，如果沒有掃，你就知道有多可怕。而且小孩子呼吸道不好，不掃乾淨一點，又氣喘發作怎麼辦……」

媽媽一邊說話，一邊想著，現在得趕快把這些家事給做完，如果不做完，會沒有時間好好準備明天上班的工作，甚至會拖到睡覺的時間。

一想起這些，媽媽就全身不自在了起來……

一、焦慮幫助我們提前做準備

身處於現代社會，焦慮無疑是現代人的文明病，我們總是有一件又一件的事情需要處理。而焦慮的功用，就是幫助我們在面對這些事情時，可以提前做準備。

我在台大心理系的吳英璋教授，他在上課時曾說：「很多人都說焦慮不好，但你們台大的學生，有哪一個不焦慮？」老師要表達的是，正是因為這些焦慮，讓我們這些台大學生，能夠知道自己有所不足，能夠積極地面對考試，考出好成績。

但是**大多數的人，其實沒有太享受到焦慮的好處，反而是被焦慮給折磨**。

你還記得你焦慮時的狀況嗎？

焦慮會讓一個學生，因為太害怕自己考不好，反而表現失常。

焦慮會讓一個用心準備的講者，因為太過擔心觀眾的眼光，反而在台上腦袋一片空白。

焦慮會讓一位媽媽，擔心孩子學壞，所以處處限制孩子的交友、發展，反而讓孩子抓狂，想逃離家裡，拒絕與媽媽接觸。

焦慮會讓一個女孩，因為很擔心男友認識了其他女生，所以奪命連環叩，但反而讓男友壓力很大，而躲女孩遠遠的。

焦慮，會讓一個人變得「腦空」，沒有辦法正常的思考。因為在這個時候，你的腦袋正在「空轉」，非常忙碌。忙著編織腦袋裡最糟糕、最災難的劇情，卻不是在處理事情。

焦慮會占據你所有的注意力，會變成你人生唯一的目的就是要降低焦慮。所以你會花很多時間，注意觀眾的反應；想像自己如果考糟了，人生就要毀了；擔心孩子即將遭遇危險，或者男友任何一絲不在乎自己的蛛絲馬跡。

而**你所有做的事情，都會變成為了要減低焦慮、鞏固你的安全感**。例如明明要考試了，你卻花很多時間整理書桌、做讀書計畫，或者找一個別人眼裡安全又穩定的工作，而不敢冒險，去追求自己的理想。

所以，什麼是焦慮呢？以下將從心理機制談起。

二、焦慮的心理機制——不愉快＋對未來的負向預期

（一）焦慮與恐懼的不同

曹中瑋老師在《當下，與情緒相遇》一書指出，焦慮與恐懼不同，「恐懼是針對特定危險

的反應；焦慮是非特定、模糊和無對象的。」」

然而這兩者在概念上，其實多少有一些重疊。例如，焦慮的本質也是「害怕」糟糕的事情會發生，但我認為，害怕更有一種想「逃跑」的感覺，而**焦慮比較是「對未來有糟糕的預期」**。

（二）焦慮是人類特有的情緒——沒有「活在當下」

前文提到，在完形諮商理論中，不將「焦慮」視為真正的情緒[3]，因為其他情緒大多是發生於「當下」，例如別人冒犯了你，你感覺生氣；上台時，站在大家面前，而感覺緊張不安，但是當報告結束時，緊張的感覺就漸漸下降。

焦慮是「預期未來會有不好的結果」，例如「想像這次考試一定會完蛋」；「這題如果不會寫，我這次的考試一定會搞砸……」等等。**焦慮是在「腦袋裡不斷地『想像』一些糟糕的劇本，並且反覆重複播放」，因此我們所焦慮的事情，是我們所「想像」出來的。**

那也就是為什麼人類特別容易「焦慮」，因為人類擁有強大的「思考」能力與想像力，所以我們有能力可以「想像」那些還沒有發生的事情。

我們的世界裡，有「如果」這個詞彙，也就是想像未來一件還沒有發生的事情，雖然動物也會有「緊張、不安、煩躁」等，但比較不會為了一件「還沒有發生的事情」感覺到「焦慮」。

我常說，**憂鬱是困在過去，焦慮是被未來綁架，而這兩者的共通點，就是我們沒辦法「活在當下」**。

因此，在處理「憂鬱」與「焦慮」的情緒時，都有個重點是，幫助我們可以停止「胡思亂想」，幫助自己更能「活在當下」，也就是前面所說，可以「做」一些「不用腦」的事。而焦慮的處理，更是如此。

（三）焦慮＝不愉快＋未來的負向預期

因此，我們可以把「焦慮」拆解為：「不愉快＋未來的負向預期」。不過，為什麼一個人對未來會有負面的預期呢？

核心理由，就是「對自己沒自信＋（高）標準」：「覺得自己對於未來即將發生的這件事情，我沒有辦法處理得太好，但是又沒有辦法接受，如果結果不如預期。」

某種程度上，「沒自信」與「高標準」是一體兩面。因為對於自己沒有自信，所以需要透過「結果很完美無缺，來證明我是一個沒有那麼差的人」。

其實一個真正有自信、自我價值很穩固的人，並不會那麼在意某一件事情的失敗。**他們會知道，「就算失敗了，我還是一個很棒的人。我只需要再多加努力就好。」**

所以很多高焦慮的人，他的沒自信，是彰顯在高自我標準之上，甚至是「完美主義」。他的腦袋裡，有一個很完美、理想的圖像，且「不允許自己有任何差錯或失敗」，因為一旦自己失敗了，就代表他整個人也與結果一樣失敗、一樣糟糕。

四、焦慮的上癮循環圈

焦慮有一個特色，是容易「上癮」。怎麼說呢？讓我們回到這一個章節開頭的故事，繼續看下去。

媽媽看著桌上，總有一層薄薄的灰塵。她看了就覺得討厭，想著有好多看不見的細菌，因此忍不住去拿了抹布，噴上自製的百分之七十五酒精，好好地擦拭過一次，才覺得稍微安心一點點。

但一邊在擦桌子的時候，又想到房間裡，那個不寫作業、不洗澡的兒子，明明都已經說了幾次，也不知道他到底起身完成他該做的事情沒，忍不住大喊：「快一點，現在都幾點了！」雖然喊了，兒子也不見得會真的去做，但至少覺得自己是有做事的媽媽。

最後好說歹說之後，終於把孩子哄騙上床。腦袋才剛靜下來時，想起下個禮拜，公司內部有個重要的會議報告，雖然自己已經提前準備好了。但每次一想到，就還是會焦慮地打開PPT。不打開還好，一打開就看到裡頭的某個字，沒有與邊邊切齊，便把PPT不斷放大，讓一切的位置「物歸原位」。這時，才覺得好過一點。

好不容易躺到床上，但因為平常都有失眠的困擾，所以開始擔心起如果現在再不睡著，明天肯定又要沒精神，而明天上班還有好多事情要做……

若仔細分析上面的焦慮經驗，發現之所以焦慮會這麼惱人，是因為它具備有「上癮」的特質。我們可以將「焦慮」經驗拆分為四個階段[4]。

1負面情緒

上癮循環中的第一階段是負面情緒，而在這個章節裡的負面情緒，自然就是焦慮。焦慮是從何而來的呢？通常會有一個「刺激源」。我們可以將這個刺激源，分成「內在刺激」與「外在刺激」。

外在刺激：可能是看到桌上那層薄薄的灰塵。

內在刺激：可能是突然想起，本來就一直掛在心上的下個月會議報告。

而這些刺激源，作為讓你進入焦慮循環的「提示」，誘發你「焦慮」的感受。

2 強迫思考

刺激源引發焦慮的「感受」，**焦慮的感受會演變成強迫「思考」**。

焦慮的感受，會誘發你心裡的強迫想法，讓你開始想著：「**我現在一定要趕快完成……**（例如：把桌子擦得一塵不染／準備報告）」（腦袋裡的計畫）→「**不然我就會……**（例如：家裡變得一團亂／隔天的報告一定會毀掉）（**災難性的想法**）。

3 強迫行為

而這些「強迫性思考」，目前都還只停留在自己的腦袋裡。接下來，會從「強迫思考」，演變成「強迫行為」。

例如故事中的媽媽，她開始拿起抹布擦灰塵、碎唸了兒子、調整起PPT的內容，且強迫自己一定要在某個時間點上床。

這些「實際行動」，是為了消除前面的那些不舒服，而且心中有種「不做不行」的焦慮感，我們稱之為「強迫行為」。

4 焦慮緩解

最後，做完這些事情之後，的確得到「暫時」的舒緩，「快速緩解」了焦慮的不舒服。但是**這些舒緩，卻變相培育下次焦慮的素材，因為你心中得到的一個體驗是：「我『一定』要做這些事情，否則那些我最害怕、最糟糕的事情，一定會發生。」**

上述的焦慮循環圈，適用在所有的上癮行為上。包含狹義生理上的毒品成癮，也是在一個人覺得痛苦（負面情緒）的時候，就會想到要吸毒（強迫思考），然後真的去吸了毒（強迫行為），而覺得人生暫時地快樂了（痛苦緩解），但卻造成更大的痛苦。

或是常見的手機成癮，例如今天在學校考試考差了，心裡很挫折（負面情緒），心想要玩一波遊戲（強迫想法）。在真的玩了遊戲，轉移了注意力，甚至贏了遊戲之後（強迫行為），覺得好過一些（痛苦緩解），但卻更沒有時間準備明天的考試。

而焦慮當然適用在這個循環裡。當你處於焦慮這負面情緒裡的時候，你會先開始胡思亂想（例如想著失敗怎麼辦、結果一定會很糟糕），接下來，你會試著做出一些讓你可能比較安心的強迫行為（例如掌握男友或是孩子的行蹤、注意台下觀眾的表情、整理書桌或玩遊戲），到最後，焦慮緩解，但卻造成未來更大的焦慮，因為覺得「不這麼做不行」。

不過，許多時候，焦慮或強迫行為，並不一定對事情沒有幫助。以我自己為例子，我是一個非常容易焦慮的人。我自己的強迫行為之一，就是在我很擔心我考試會考糟的情況之下，我超級努力、拚命地念書，所以我當初考上台大心理系，我是給自己設下必須至少高於去年五十分的一個高標準。實際上，我最後的成績，也比最低錄取標準高了三十分左右，確保自己「穩上」台大。

而在我當了心理師之後，第一次的公開收費演講，是一場兩個小時的演講。但我為了這場演講，足足準備了三個月。我嘗試把每一張投影片裡的每一句話都背誦起來，以確保我自己在演講的當場，不會「講錯」任何一句話。

到最後，我真的上了台大，也真的完成了一場「沒犯什麼錯」的演講，但是觀眾感受得到我的緊繃，我雖然講得「面面俱到」，卻也感覺不怎麼精采。而我也在那一場演講之後，感覺到全身虛脫，連說話的力氣都沒有。

所以我那些因為焦慮引發的（強迫）行為，或許或多或少還是發揮了功用，但最麻煩的是，它在我心裡留下的一個信念是：「如果我不這麼做，我就會完蛋」，讓我「下次」再遇到挑戰的時候「不敢不焦慮」。

五、如何應對自己的焦慮？

接下來，我們談談怎麼樣應對自己的焦慮。我們可以從：打破「焦慮上癮循環圈」、學習「活在當下」、不要做好「萬全」準備、把焦慮視為興奮，這四個步驟做起。

（一）打破自己的焦慮上癮循環

在打破焦慮上癮循環的方法裡，你認為「負面情緒↓強迫思考↓強迫行為↓焦慮緩解」這四個步驟裡，從哪一個階段著手最為容易？

在我的經驗中，可以從兩個部分開始著手。

1 尋找「刺激源」

還記得嗎？前文提到「負面情緒」時，通常會有一個「外在刺激」引發你的「內在連鎖反應」。

舉例來說，媽媽看到旁邊的電腦、看到桌上的灰塵、看到孩子晃來晃去沒做正事，就會誘發一些焦慮。因此，如果要讓自己不焦慮，可能一開始就應該把電腦放在一個辦公區，而不該放在自己的床邊、隨手可見的地方，或是不要沒事就跑到孩子的房間裡，監管他在做些什麼，每看一次就煩一次。

所以，**你可以嘗試去覺察，有沒有什麼刺激源，啟動了你的焦慮循環。**

當然很多時候，你的「刺激源」不見得那麼外顯。舉例來說，在前面的例子裡，這位媽媽可能會說：「可是我沒辦法不注意到啊！我就是會忍不住想到，在外面可能都還好，一回家，我就開始整個人都緊張了起來。」

有一部分的原因是，我們長期在類似的環境裡，其實會受一些「習慣」或是「情境線索」影響。

舉例來說，如果你每天都有個流程，就是吃完飯之後，就一定要去寫作業、洗澡。如果不做，就渾身不對勁（習慣）；或者，一躺到床上，你就會開始「想起之前失眠的感覺」（情境線索），所以，在「那個時間點」的「那個環境」，就會很容易引起你的焦慮。

再舉個例子，讓我們將場景換到工作場域。假如，你在公司工作，每當下午三點，你就自然會想要站起來，去公司的茶水間，吃一點零食、喝點咖啡、與同事聊聊天，但每天這樣做，你又覺得吃了太多零食，導致身材發福，且影響工作效率，所以想戒掉這個習慣，那你要怎麼開始呢？

這時我們要做的是，我們要去辨別，我們在下午三點起身去茶水間，究竟想要滿足的是什麼。是成天坐在位子上，身體緊繃，所以需要活動筋骨？還是下午三點，肚子餓了？或下午三點精神開始委靡，需要咖啡提神？又或者是，一個人一直在電腦前太無聊，很想跟別人聊天，有一些情感連結？

這些區辨，可以把「我感覺到有某種不舒服」的感覺，更精細地去區辨、細化出：「是什麼『刺激源』讓我有這些感覺」？如此一來，我們才能對症下藥地去照顧與處理。

2 替代行為

過去我們緩解自己焦慮的方式，是去執行那些「強迫行為」，例如猛擦桌子、猛唸小孩、變成ＰＰＴ修改魔人，但當我們精確地知道，是「什麼」讓我們感受到焦慮時，此時，我們就要用一些「替代性」的方式來處理焦慮了。

以辦公室下午三點要吃零食的例子來說，你可以用不同的方式來測試自己，到底是「什麼」推動自己下午三點要去茶水間吃零食。

你可以在每天下午三點的時候：

第一個禮拜：你起身，在自己的位置上活動筋骨。

第二個禮拜：你吃一些有飽足感的水果或乾糧。

第三個禮拜：你在自己的位置上，幫自己泡杯咖啡。

第四個禮拜：你站起來去跟隔壁的同事聊天，但不吃零食。

一方面，這可以了解自己真正的需要，在下午三點去茶水間吃零食，究竟是坐久了，身體僵？還是肚子餓了？需要咖啡因？又或是為了滿足人際間連結的需求？另一方面，當我們察覺出真正的原因時，我們就可以採取更健康、更有建設性的方式，來緩解自己的焦慮，慢慢地用一些「替代行為」來替換「強迫行為」。

或者用另一個比較常見的例子。很多戒菸的人會使用尼古丁貼片，也有的人會吃口香糖，對每個人的效果不一。這是因為抽菸是一個人用來緩解焦慮的「強迫行為」，如果我們改用「尼古丁貼片」，就能減緩一個人抽菸的行為，代表他從吸菸中滿足的，是尼古丁的刺激。如果另一個人吃口香糖，也能有效緩解，那就表示抽菸讓這個人的「嘴巴有事情可以做」，那是滿足口腔的一種欲望。

當你用相對健康、合宜的方式，來緩解你內在的焦慮與不舒服時，自然也就可以用新的替代行為，取代舊有的強迫成癮行為了。

當然，所謂更健康的替代行為，一定不會有使用過去習慣了的強迫成癮行為來得快速、有效，所以這個逐漸改變習慣的過程，需要有一段時間的適應與調整。

但長期下來，**當你用更健康的習慣來取代舊有的習慣時，你可能會有一種新的體驗：「原來我對於自己的行為，有一定程度的掌控感」。這種因自我管理的控制感與成就感，也是非常大的一種自我鼓勵。**那也就是為什麼，有些人非常熱衷於規律且不間斷的運動，因為他已經從這種自律的過程中，找到屬於他自己的成就感了。

當然大多數的時候，一件行為所滿足的往往不會是單一需求。因此，接下來會再提出兩點，能夠更直接地緩解焦慮，或打破焦慮上癮的循環圈。

（二）學習「不用腦」——「活在當下」

前面是透過一些其他行為，給自己一些替代性，或者更健康／有建設性的滿足。不過，還有一個方法是，我們可以嘗試「直接」降低自己的焦慮。

怎麼做呢？就是做一些「不用腦」的事。前文提到，焦慮的本質，是「對未來負面的預期」，而這個負面預期，是自己用人類發達的認知大腦，不斷想像出一些災難化的結果。因此當我們反其道而行，透過深呼吸、運動、正念、靜心、打坐、摸摸花花草草、泡泡澡、擦擦乳液等方法，都能有效降低焦慮，因為：

1把「腦袋」的能量轉為「身體」。

2從「未來」的焦慮轉為「活在當下」。

在這裡，我特別五顆星推薦深呼吸、有氧運動、正念／冥想（或者三者結合在一起的「瑜伽」）。透過深呼吸，你可以直接改變你的生理機制：降低焦慮、恢復副交感神經的功能。透過運動，也可以直接改變你的內分泌、血壓、身體功能等等。

雖然這種說法有點老生常談，但是老生為什麼要常談？因為這方法實在很有用。而且，現在你可以更清楚地知道，何以這些方法有效，因為背後是有一套科學證據支持的理論與機制。因此你更可以有掌控感、有意識地，去完成這些對自己有幫助的事。

當然，這也是非常強而有效，打破焦慮循環圈中的「替代行為」：**透過這些「活在當下」的行為，直接去減緩你的焦慮。**

（三）讓自己「不要」做好萬全的準備——培養自信

接下來，你可以嘗試讓自己「不要」做好萬全的準備。

「什麼？不要做準備？那我如果把事情搞砸了，該怎麼辦？」或許你會這樣擔心。注意，我說的是，不要做好「萬全」的準備。

還記得我前文說的嗎？我是一個非常容易焦慮的人，所以我會在自己焦慮的時候，幫自己做好所有可以做的準備。雖然那讓我「那一次」的表現，不至於差到哪裡去，但是卻也讓我「沒有機會相信」，如果我只是「正常且適度」的準備，結果也不會差到哪裡去。

在完美主義裡，我們會過度的準備，因為我們害怕自己失敗，且沒有辦法接受自己的失敗。所以完美主義看起來是一個讓我們努力認真，但實際上，背後其實很容易會不小心走偏，變成「過度準備」，也變成是我們對於「失敗」的防禦。

所以，如果你想打破自己用「完美主義」來降低自己焦慮不安的這種策略，反而是要反其道而行，讓自己「適度準備」即可（不是不準備喔！）。

你可以在心裡告訴自己：「這件事情，我只要準備好一次，頂多準備第二次，這就可以了」。剩下的時間，你反而是用前面的方法，直接針對自己的焦慮情緒，給予安撫，又或者是把這些焦慮的時間，拿去做別的事情，轉移注意力或放鬆。

這個方法，雖然聽起來很冒險，但卻非常非常地有用。

我近幾年開始有意識地訓練自己，面對讓我焦慮的事情，我只適當準備一兩次，而不要過度準備。

我漸漸地從必須要提前三個月準備我的演講投影片，到現在，只要提前兩三週準備第一次的初稿，最後在演講前一天、在捷運上只提前一個小時複習我的講稿。甚至在某一些比較有信心的題目上，我可以直接上場演說。我仍舊有提前用心準備，但我並沒有讓我的準備變成「過度」。

這過程中，還有一個很大的好處，是讓自己有機會「有意識地練習，如何面對失敗」，也就是如果一場演講沒有辦法盡善盡美，「也沒有太大的關係」。透過這個方式，如實地面對自己的成敗。

有趣的是，我的演講表現，並沒有因為我的「放鬆」而變糟，反而讓我自己更自在，也更享受在自己的表現之中。因為我把注意力更放在自己身上，且有意識地去調整我自己的情緒，讓我反而對於自己的狀態，更有掌控感，而非那些不可預期的事情，例如觀眾的反應等。

當我不怕失敗與錯誤，反而讓我更加地自由。

進一步說，其實**這也是「累積自己信心」的根本方式**。因為完美主義，是來自於對自己沒信心：「我不相信自己沒有準備，仍舊可以表現得好」。因此「不過度準備，就直接上場」，能夠讓自己經驗到：「就算我沒有萬全準備，我還是可以表現得不錯，這是不是代表我其實能力還算不錯」，並且從此累積對自己的信心。

（四）將焦慮視為「興奮」

最後，在某些情況下，你可以嘗試將焦慮視為興奮，或許對你的表現反而有一些幫助[5]。

二〇一四年十二月的美國《科學人》雜誌（Scientific American），報導了哈佛大學科學家的一項研究成果：**「興奮」反應和「焦慮」反應之間的差異，其實比我們想像的小**。心跳加劇、呼吸急促、思緒飛快都是焦慮和興奮皆有的反應，至於你感覺到的是興奮，還是焦慮，取決於受試者本身的選擇。

一篇二〇一四年六月發表在《實驗心理學期刊》（Journal of Experimental Psychology）的報告中有一個實驗。在實驗過程中，給予受試者不同的指示：

A被告知在開始執行任務前，保持冷靜。

B被告知要讓自己感覺興奮、愉悅。

C參與者沒有收到指示。

實驗結果發現：「將『焦慮』視作『興奮』的參與者（B組）不但愈來愈興奮，執行任務的成果也較好。」

實驗者艾麗森．伍德．布魯克斯（Alison Wood Brooks）表示：「興奮以待能給你較多信心和能量，因而增加你想像中的正面結果成真的機會。」

因此**正面的激勵，把焦慮視為興奮，或許比嘗試讓自己「冷靜」更為有效**。

第四節、羞愧與罪惡

三歲的小志，正在學習如何使用他的小肌肉，他因想要幫媽媽忙，所以興沖沖地在媽媽倒好牛奶時，便伸手拿。但因為肌肉控制不佳，砰的一聲，便把牛奶打翻了。打翻牛奶的當下，他受到驚嚇，但下一秒，又轉頭看媽媽的反應。

媽媽這時激動地說：「啊！怎麼打翻了，我不是說我來就好了嗎？」

此時小志站在原地，嘴巴嘟得高高的。

他覺得自己做了一件不好的事情，甚至讓媽媽生氣了。

此時，在小志的心中，充滿了很多他自己都還無法表達的情緒。你猜猜，在那嘴巴嘟得高高的小志心中，感覺到的是罪惡感？還是羞愧感？

「羞愧」與「罪惡」這兩者非常像，但又有本質上的不同，以下將說明兩者的差別與比較。

一、羞愧感

日本文學家太宰治，在一九四八年自殺。在他最著名的小說《人間失格》裡，有一句名言：「生而為人，我很抱歉」。太宰治為他自身的存在，感覺到抱歉。

我聽過許多人從小最痛的記憶，是父母曾經對自己說過，「為什麼要生你？」「有你這個兒子，真是讓我太丟臉了……」「你不是我的女兒……」等等。

我也聽過有人從小被責罵，當時是「跪在地上擦地板，被爸爸無情地打罵，媽媽則在旁邊冷冷地笑」，在那個畫面裡，自己的價值非常低下，但卻沒有人看見自己的痛。

同志婚姻，一直是這幾年台灣爭論的人權議題，而我自己也在諮商室內見過很多同志個案，或者我身邊也有很多朋友。在與許多同志互動的過程中，有太多太多同志朋友告訴過我，他很痛苦，因為：「我什麼都沒做，可是當我爸媽／朋友發現我喜歡的人是同性別的，看到他們看著我的眼神，讓我好受傷……」「好像，我的存在本身，就是一種錯誤，而我對此無能為力。」

這一切的一切，都有一個核心的訊息是：「我是一個很糟糕的人」、「我的存在就是一種錯誤」。

這是對一個人，打從本質的徹底否定。這是會讓一個人，想要讓自己消失的那種否定。

二、罪惡感

而「罪惡感」與羞愧感很像，但是比較著重在「我做了一件『錯』的事情」上。

例如在開頭的例子中，小志打翻了牛奶，他知道自己「做錯了一件事情」，甚至會想辦法去收拾殘局，這就比較傾向於罪惡感。

但是，**若小志的媽媽說：「天啊，你真的是笨手笨腳，討厭死了！」這就會讓孩子從「我做錯事情」轉變成「我這個人很笨」，就會比較傾向於「羞愧感」了。**

三、從羞愧到罪惡

羞愧感與罪惡感，真的是非常困難區分的兩種情緒。它們的內涵看起來很像，但區分這兩種情緒，有助於幫助我們釐清與面對內在的這兩種不同的感覺。

以下將從「文化」、「發展階段（年紀）」、「隱藏糟糕自己vs.彌補對他人的過錯」這三個角度說明。

（一）東方「恥感文化」vs.西方「罪感文化」

「羞愧感」與「罪惡感」的第一個區別，是兩者有文化意涵上的不同，因此在使用這兩個詞彙的時候，可以想想，自己比較是基於東方，還是西方的文化脈絡。

罪：西方的罪，源自於Gulit，根本於西方傳統的基督教教義：原罪（Sin）的概念。背後也有「明白自己犯了錯，而想懺悔」的意思，所以在教堂裡，一個人向神父告解：「神父，我有罪。」神父則會說：「我原諒你。」

因此某種程度上，「罪惡」是可以被「贖罪」、「原諒」的，甚至背後有一種更高尚的道德情操。

而東方的罪，有一部分與西方的做錯事情有關，但比較沒有宗教的意涵。另外，在概念上，會比較接近Crime，也就是犯罪的意思。

恥：而恥在西方文化中，是用Shame這個單字，英文會用Shame on you（你真無恥）的方式罵人，指一個人沒有羞恥心，很糟糕。比較有羞辱、貶低的味道。

但**在東方文化裡的恥，一方面與「面子」有關，它關乎的是個人的，甚至家族的榮耀與尊嚴**。例如，父親會對著未婚懷孕的女兒說：「我們家的臉都被你丟光了。」沒有考上醫生，會被罵：「我們家怎麼會生出你這種不爭氣的小孩。」另外，在日本武士道精神中，會用切腹自殺來謝罪。切腹自殺的其中一種意涵是，代表個人承擔了家族的榮辱，結束自己的生命，還能保有家族的顏面。

另外，在東方文化中，也有知恥近乎勇的概念。這裡的恥比較是羞恥心。在華人文化中，我們常用「恥」來「教養」小孩，所以羞恥與倫理道德、社會規範緊密連結在一起，因此「知恥近乎勇」的意思是：「你懂得是非對錯、倫理道德，就能做出正確、符合社會規範的選擇」。

東、西方對於羞恥（Shame）和罪惡（Guilt）這兩者，各有不同的側重、背後的文化與歷史脈絡。

（二）發展階段的不同

就情緒心理學的研究，羞愧感的發展比罪惡感還要來得早。孩子大概在兩至三歲左右，開始會探索這個世界。人們俗稱的Terrible two（糟糕的兩歲），也是在這個階段大爆發，因為這時候孩子需要透過「說不」（say no）來發展自己的「自主性」。

而孩子在這個發展自主性的階段，會嘗試想要完成某件事。例如，想要拿一把刀子、想要開車車，但當孩子沒辦法做到這件事情時，就會感覺很沮喪、挫折，甚至感覺自己很不好，所以這時候的羞愧感，更接近挫折感，但這個挫折感，會讓孩子覺得沒辦法完成這件事情的自己很糟糕。

而當孩子年紀更大了之後，大概四至六歲時，他們可以愈來愈清楚地學習到一些社會的道德規範。例如「不要在公眾場合大吼大叫」、「把東西弄壞了，很不好」、「玩具玩完要收好，不要亂丟」。當父母制止孩子的錯誤行為時，孩子會覺得自己「做錯一件事情」，甚至會想要彌補自己的錯誤，所以可能會說「對不起」，或想辦法把東西修好。

而**感覺到「罪惡感」的過程，其實是讓一個人有機會可以去修正自己所犯下的錯誤**。

上述指的是一個孩子隨著年紀，漸漸地自然發展出羞愧感與罪惡感的過程。

與此同時，**父母如何回應孩子的犯錯，將會決定孩子比較多停留在「羞愧感」，或是「罪**

惡感」的階段。

舉例來說，一個孩子不小心把牛奶翻倒了，在這時候，如果父母能夠接納孩子的這個行為，帶著關懷地回應：「我看到你把牛奶翻倒了，沒關係的。我們擦一擦就好。」孩子就會感覺自己的挫折感被接納。那個「糟糕的自己」被理解了，所以這種「羞愧感」的感覺，會慢慢地被消化。久而久之，孩子比較能覺得：「我只是把牛奶打翻了，只要清理清理就好。」

但如果爸媽的回應是：「你真的是笨手笨腳！真是氣死我了！你看看你把桌子弄成什麼樣子，你就一輩子撿角（台語：沒出息）！」孩子就會覺得：「這個打翻牛奶的我，真的是糟糕透頂。」

孩子沒有辦法被父母的理解消化，甚至陷在「我很糟糕」的感覺裡，無能為力。**孩子之後一旦犯了錯，馬上會連結到「我很糟糕」**。

（三）隱藏糟糕的自己vs.彌補對他人的過錯

最後，是「羞愧感」與「罪惡感」中最重要的區分。

當一個人有罪惡感的時候，會把注意力放在「我做錯」的事情上，雖然感覺不舒服，但這個不舒服，反而會讓一個人興起一種補償的反應。

但如果一個人有「羞愧感」的時候，反而會讓一個人癱瘓了自身行為的能力。

◆罪惡感（Guilt）：個人在「道德行為上」的失誤，有時常會與「我傷害了別人」有關，帶有對他人的同理心。而面對這個失誤，通常我們會有想要去努力彌補自己罪過的想法或作為。

◆羞愧感（Shame）：感覺自己是沒有價值的，我很糟糕。更重要的是，羞愧感會讓我們想把自己隱藏起來，與他人切斷連結。

簡單來說，這兩者都與「自我」有關，都是對自身感覺不好。差別在於，**羞愧是「我這個『人』不好」，而罪惡感是「我做的『事情』不好」**。

這就是為什麼羞愧感時常會癱瘓一個人。在罪惡感裡，糟糕的感覺，是來自於我做的「事」，所以我只要把事情修正了，或是道歉了，那就沒問題了。

但是當一個人被引發「羞愧感」的時候，既然是「我這個人不好」，我做什麼補充，都改變不了「我很糟糕」的這個事實。

甚至因為，在「羞愧感」裡，糟糕的感覺是來自於我這個「人」，所以就會想要「消滅我

自己」。

比較常見的做法，就是「切斷自己與別人的連結」，讓別人不要看見我，這就是某種意義上的自我消失。輕微一點，就是不與其他人接觸，耍孤僻；嚴重一點，就是會想要自殺，把這個很糟糕的自己給「除掉」。

又或者也有很多人會「隱瞞自己所犯下的錯」（例如說謊），因為他會認為，如果不要被別人發現我做的錯事，不用感受到別人評價的眼光，自己就會好過一些。

但**實際上，那卻讓一個人更覺得自己是在「逃避」，反而更看不起自己**。

最後，讓我們用以下的表格來總結一下：

	羞愧感	罪惡感
文化	東方文化（恥感文化）	西方文化（罪感文化）
脈絡	面子、倫理道德、社會規範	基督教「原罪」
年紀	2～3歲	4～6歲
對象	「我」很糟糕	我做的「事情」很糟糕
反應	我想躲起來、不要被發現	我想彌補我犯的錯
連結	切斷與別人的連結、消滅自己	對他人有同理心

四、羞愧感讓情緒「暗黑化」

羞愧感是讓情緒暗黑化的「核心」。

結合前面的章節，你會發現，嚴重的憤怒與憂鬱，或是過分的嫉妒，往往與「羞愧感」有很深的連結。

那些會用暴力的人，往往內在有個很深的「羞愧感」。他們覺得自己很糟糕，會被嘲笑、很弱小，所以**會用看起來強而有力的「暴力」，假裝自己很有力量，其實這是在掩飾自己的羞愧感**。

例如，從小被嫌棄、不被社會接受的小混混，因為別人看了自己一眼，就氣得要砍人，那是因為他在別人的眼神中，想像著「別人一定看不起我」的痛點，才氣得要砍人。

又或者是有「嚴重憂鬱」的人，他不僅僅是因為一件事情做得不好而沮喪，更深的連結是：「這樣子失敗、憂鬱、不被人喜歡的我，真的是好糟糕、好糟糕。」或是反覆在心中想起，父母當初是怎麼嫌棄自己，自己又是怎麼不討父母歡心、被貶低的畫面。

後文也會提到嫉妒這情緒，這是讓我們很難承認的一種暗黑情緒，因為我們心裡期待自己「應該要更寬宏大量一點」，也怕別人說自己「怎麼會這麼小心眼」。

因為不接納自己有「嫉妒」這種很真實的情緒，所以會極力地想把自己真實的感覺藏起來，反而讓嫉妒的情緒暗黑化。

五、如何應對羞愧感與罪惡感？

（一）從「羞愧」移動到「罪惡」

看完罪惡感與羞愧感的比較後，你會發現，整體而言，罪惡感會比羞愧感，更加有建設性一點。

人非聖賢，孰能無過。當我們做錯了一件事情時，我們應該盡量地讓自己往罪惡感的方向移動，因為這樣我們才有力氣去修正我們所犯的錯誤，也才能減少讓自己困在羞愧感裡的機會。

因此，**當你犯了某個錯的時候，請嘗試提醒自己：「我是犯了一個錯（例如：作弊、講出傷害別人的話、花太多錢買東西），但我仍舊是好的（例如：願意去彌補錯誤的這個我，是很願意負起責任的）。」**

當你有一天成為父母，當你的孩子犯了錯，也請告訴他：「你不可以這樣做（打人、破壞東西）」，但仍舊可以讓他知道：「我是愛你的」，**讓孩子相信：「雖然我做錯了事情，但我**

這個人本身，還是很有價值的。」

而我始終也相信，一個願意為了自己的過錯負責，例如賠償損壞的物品，或對朋友說錯話，真誠地道歉，這種勇於面對的態度，反而代表你的勇敢，甚至會提高自我價值，改善你對自己的看法。

我曾經看過一個很感人的例子，一位護理師自白曾經在求學時代，沒有協助被霸凌的同志朋友，因此覺得當初那個逃避的自己很糟糕。長大之後，她嘗試把她的羞愧感，轉移到更有建設性的地方，她開始投入社會運動，協助身邊的同志朋友，這便是一種把羞愧感轉變成罪惡感的方法。

如果你做了一件讓你覺得很糟糕的事情。你想想看，你可以用什麼樣的方式「負起責任」，以修復你所犯的錯，或者是如何把這種糟糕的感覺，也就是從羞愧感轉變成罪惡感，進一步變成修復（關係）的行動。

例如，你因為花了太多錢，甚至背起卡債，你對自己的感覺很羞愧。你所需要做的，不是控訴自己（**沉溺在羞愧感中**），而是好好地規劃自己還錢的計畫（**讓罪惡感驅動你，做出有建設性的補償行為**）。又例如你說出一句很傷人的話，你所需要做的，不是責怪自己口無遮攔、自我批判（羞愧感），而是誠懇地跟這位你出口傷害的人，好好地道歉（罪惡感）。

（二）知恥，但不羞愧

在東方文化中，常常會把「恥」與「倫理道德、社會規範」綁在一起，父母常常會用「你這樣羞羞臉」的方式來教育小孩，想讓孩子明白是非對錯。

長期下來，我們會變得愈來愈「社會化」，但是愈社會化，愈懂得是非對錯、禮義廉恥的同時，卻也愈來愈容易感覺到自己是很糟糕的，甚至容易在自己做錯事情的時候，大力地批判自己，累積羞愧感。

因此，可以嘗試保留「恥」裡的正面意義，也就是「知恥近乎勇」的本意中的「明辨是非」，但是不見得需要用「我很糟糕」的方式來批判自己。

（三）承擔能承擔的，接納改變不了的

前文提到，有些事情是可以透過彌補、道歉、修復，去減少你曾經犯的錯、帶來的傷害，但仍舊有一些事情，逝者已矣，你已經沒有辦法回到當初的那個情境，去改變當初犯下的錯，又或者是你向對方道歉，但也無法改變當初所造成的傷害。

舉例來說，有人因為自己的行車失誤，而導致另一個人傷重，甚至送命。無論自己的內心是怎樣千刀萬剮地受折磨，無論是如何磕頭道歉，付多少賠償金，甚至捐錢給同樣遭遇車禍的

受害者家庭，但仍無法彌補對方破碎的家庭，平撫不了自己心中的懊悔。

我有一個個案，他曾經高高地把兔子舉起來，重重地摔到地上。個案想起這件事，又傷心、又羞愧，他覺得非常非常對不起這隻兔子。即使我鼓勵個案向兔子道歉，個案也說：「就算牠原諒我，我也不會原諒我自己。」

在這些例子中，傷害的兔子、造成的車禍都已經發生了，能夠懺悔、道歉、彌補的，也都盡自己所能地去彌補了，但或許都還是彌補不了心中的悔恨。

因此，或許**最後能做的，就是「接納」這個錯誤**。

所以我問個案：「我知道你一定很難過、懊悔，怎麼樣都無法原諒當時的自己……但你在這種自己用罪惡感建造出來的監獄裡，待了十幾年了。如果是懺悔、贖罪自己犯的錯，也好一段時間了。你有想過，還想待在這監獄裡多久嗎？」

或許**真正能夠將自己釋放出來的，也就只有自己**。

第五節、絕望

薛西弗斯（Sisyphus）是希臘神話中一位被懲罰的人物，他冒犯了眾神，因此必須遭受懲罰。而他受罰的方式是：必須將一塊巨石推上山頂，而每次到達山頂後，巨石會滾回山下，如此永無止境地重複下去。眾人認為，再也沒有比徒勞無功、沒有希望的勞動更可怕的懲罰了。

在西方語彙中，形容詞「薛西弗斯式的」（sisyphean）就是形容「永無盡頭而又徒勞無功的任務」。

一、絕望等級

若將絕望感作為基準點，減弱強度，那就是無力感、挫折感；若升級，就成了宿命感。

挫折感→無力感→絕望感→宿命感。

而這絕望等級的關鍵在於：「事情有沒有改善的可能性？」許多電影也拍攝過類似的題材，在《恐怖油輪》裡，主角必須一次又一次地經歷在船上的屠殺。這種「無論如何，都無法改變，被困在重複的悲慘裡頭」，叫做絕望，甚至是宿命。

不過，上述說的這些神話或電影，並不只是「故事」，更是很多人的真實體驗。

很多個案曾經告訴我，自己一次又一次地遭遇著相類似的痛苦。從小，就被家暴；進到學校，交不到朋友；告白了，卻被拒絕；好不容易談了戀愛，卻又失戀收場；經歷過一段又一段被傷害的戀愛關係，終於結了婚，過沒幾年，卻又發現老公外遇；孩子好不容易養大了，卻對自己百般叛逆。信了宗教，卻發現自己再怎麼禱告，主耶穌或觀世音菩薩，也沒有辦法拯救自己。

個案覺得人生好難，覺得人生只是一次又一次的痛苦。

二、習得性的無助感

在此，舉出一個經典心理學的實驗：習得性無助感。

習得無助感的理論，最早在一九七五年，由賓州大學心理系教授馬丁‧賽里格曼（Martin

Seligman）所提出。

【實驗一】

第一隻狗簡單的被加上鞍具，隨後被解下。

第二隻狗被加上鞍具之後，接受短暫，但有痛感的電擊，但狗可以經由碰觸槓桿來停止電擊。

第三隻狗與第二隻狗並排，並接受同樣的電擊測試。牠前面也有槓桿，唯一不同的，是槓桿「沒有」停止電擊的設置。

在實驗結束後，第一隻與第二隻狗都迅速地恢復原先的狀態，雖然第二隻狗也有被電擊，但只有第三隻狗則被診斷出憂鬱症。

我們可以衍生這實驗得知，**「痛苦」並不是讓一個人陷入憂鬱的主因**（第二隻狗也有遭受電擊），**而是你感覺自己沒辦法結束痛苦的「無助感」，才是讓一個人陷入憂鬱的主因**（第三隻狗的槓桿沒辦法停止電擊）。

【實驗二】

在另一個相關的實驗中：

★情境一：無法擺脫的電籠

把一隻狗放進一個籠子裡，並鎖住籠門，使狗無法輕易從籠子裡逃出來，而籠子裡裝有電擊裝置，透過此裝置，對狗施加電擊。電擊的強度剛好能引起狗的痛苦，但不會使狗斃命或受傷。

塞里格曼發現，這隻狗在一開始被電擊時，拚命地掙扎，想逃出這個籠子，但經過再三的努力，牠發現無法逃脫後，掙扎的強度就逐漸降低了，甚至直接趴在通電的地面上（因為接觸面積變大，感受到的電流反而變小）。

★情境二：習得性無助的狗

把「這隻受過電擊的狗」放進另一個籠子，這個籠子由兩部分構成：中間用隔板隔開，隔板的高度是狗可以輕易跳過去的。隔板的其中一邊有電擊，另一邊沒有電擊。

塞里格曼發現，這隻曾受過電擊的狗，在前半分鐘驚恐一陣子後，就直接臥倒在地，絕望地忍受著電擊的痛苦，根本不去嘗試有無逃脫的可能，即使牠能輕易「跳過」這個隔板。

★情境三：可以輕易逃脫的電籠

把另一隻「沒有經受過電擊實驗的狗」直接放進有隔板的電籠裡，發現沒經過電極實驗的狗，能輕易地從有電擊的區域，跳到安全的另一邊。

塞里格曼把上述實驗中那隻「曾經遭受過電極的狗」，因之前逃脫失敗的無助經驗，學習到「就算努力了也沒用」而直接放棄的絕望心理，稱之為「習得性無助」。

習得性無助的狗，並不是「沒有能力」跳到沒有電極的那一邊，只是經過了情境一的實驗，讓牠「學習到」無助感，讓狗「相信」：「自己就算努力了，也不會有用」，所以乾脆就直接放棄。

塞里格曼在其他相關的實驗中發現，「習得性無助」在不同的動物身上，也都有同樣的結果。在人類身上，也是如此，習得性無助感的例子，族繁不及備載：

＊久病纏身的老人，最後會放棄讓自己變健康的可能，嘴巴常嚷嚷著：「年紀大了，沒用啦。」

＊長期被虐待且離不開家的小孩，即使離開了原生家庭，也不相信有人會善待自己。

＊被關在集中營裡，不見天日的猶太人倖存者，即使在離開集中營後，仍舊感覺不到活力與希

望，對於有個更好的未來不抱任何希望。

＊看著父母成天爭吵，好像永遠沒有停止的一天。長大之後，也不相信自己可以有一段好的婚姻關係。

＊長期待在憂鬱的情緒裡，找不到讓自己開心的方法，覺得自己這輩子就會這樣痛苦下去。

＊許多同志在青少年階段開始戀愛時，往往很容易喜歡上「異性戀」，但戀情總是無疾而終，長期累積大量的挫敗感，他們覺得自己會孤單一輩子，再加上長期被歧視、排擠、錯待的經驗，他們覺得太難改變社會對同志的異樣眼光，也看不到自己幸福的可能性。研究顯示，同性戀比異性戀者更容易自殺，比例高出二至十倍；罹患重度憂鬱症的機率也高出兩倍[6]。

大量的挫敗感累積成無力感，最後變成絕望、宿命感。覺得自己將會一輩子悲慘下去，也會讓人放棄改變的可能性。

一個人感冒了、手受傷了，不會太慌張，因為他知道，過幾個禮拜，手就會好。但一個人若長期憂鬱，或被說自己心理生病了，會非常恐懼，因為他擔心，我會不會「從此就好不起來」。

一個人最大的痛苦，不是痛苦本身，而是對於痛苦的無能為力。就好像走在一條黑暗的隧道裡，但看不見這條隧道的盡頭。

三、絕望的好處

在習得性無助感裡，有一個重點，是自己「相信」自己不可能讓事情變得更好，即使「事實」並不真的那麼絕望與糟糕。就像是實驗二中的那隻狗一樣，即使在情境二裡，牠實際上是「有能力」輕易跳過隔板的另一邊，但情境一讓牠「相信」自己已經沒有希望了，而導致牠直接放棄。

所以，為什麼一個人這麼難擺脫這種無助感、絕望感？甚至有些人「耽溺」在這種受困的感覺裡？

讓我們再回過頭，看看塞里格曼的實驗，一開始，這隻狗是有嘗試掙扎、擺脫痛苦的，但是當牠發現「我的行為改變不了事情的結果」時，牠直接趴在地面上，以減輕自己的痛苦。

你發現了嗎？**對習得性無助感的人而言，「放棄」有時是減輕痛苦的方式之一**。

（一）放棄，可以降低被傷害的可能性

有一些被強暴的女性，在一開始被侵犯時會掙脫，但是到了最後，發現自己擺脫不了犯人的侵犯時，就會直接放棄抵抗，並且關掉自己的感覺。

也有很多人小時候被打時，他會被警告：「你不要把手抽走喔！不然我要多打幾下！」因

此被打的人放棄抵抗。

對大多數的人，會選擇「放棄」，最初的目的，不是真的想讓自己一直深陷在痛苦裡，那其實是一種自我保護機制，是一種減低自己痛苦的手段。

（二）放棄，可以讓自己不要被要求

有很多很聰明的孩子，可以考到好成績，但是他不想這麼做。我問孩子為什麼？孩子說：「媽媽每次都會跟我說：『你英文都做得到，你數學也可以！』每次我做到了，她就會逼我逼得更緊。可是我壓力好大，好像沒有結束的一天。所以我到最後，乾脆讓她失望，讓她覺得我做不到，那她就不會再要求我了。」

（三）放棄，可以不用面對無能的自己

有許多孩子告訴我：「我不想要努力念書，因為如果很努力、很努力之後，卻發現自己『就算這麼努力了，卻還是沒有用（成績還是很差）』，那該怎麼辦？」

我問：「如果你很努力，卻還是考不好，那代表什麼呢？」

孩子說：「那就代表，我真的是一個笨蛋。」

所以**有時候自暴自棄，是認為自己如果「先放棄」了，那結果不好，就不是我不好，而只是「我還沒有努力」罷了**。

（四）放棄，就可以休息了……

之前曾經調查過憂鬱症患者最討厭聽到的幾句話，其中一句話是：「加油」。因此有的人很錯愕，心想我支持你，為什麼你反應要這麼負面？

而憂鬱症患者總會告訴我：「因為那代表，我做得好像還不夠。那代表，我還要繼續努力。可是，我已經努力好久好久了，我已經好累、好累了。我好希望自己可以不要再努力了……」

也有好多個案告訴我，他們聽到我給的建議，覺得很棒，也很有道理，更覺得我告訴他的希望或改變，是有可能發生的。只是他們覺得自己，真的已經「太累了」。

我想，那都是因為在過去的經驗裡，他們感覺到「努力」之後緊接而來的是「沒有用」，是更深的疲倦與沮喪，所以，有的時候，他們寧願讓自己停留在原地，待在原本的困境裡。

因為害怕，努力了之後，也沒有用，反而更加疲倦……

四、怎麼面對絕望？

所以，絕望有這麼多的好處與誘因，根本就是魔鬼的誘惑。催促著你放棄相信希望，放棄努力。那麼，到底要怎麼面對絕望呢？

（一）區分憂鬱與絕望的不同

首先，需要分清楚「憂鬱」與「絕望」的不同。

憂鬱與絕望，基本上兩者時常一起出現。例如，在自己很憂鬱的時候，對自己的憂鬱感覺到「絕望」，覺得自己「不會好起來」。但是面對這兩者的方法，其實大不相同。

憂鬱的本質中，有一個部分是：「已經很努力，但是已經好累了……」而絕望有個目的，是「害怕自己努力了，還是徒勞無功，所以我還是放棄好了……」。

在「憂鬱」的狀況中，一個人需要的，其實是停止對自己的自我傷害，讓這個已經好疲倦的自己，可以好好地休息。

但在「絕望」的狀況中，「放棄」反而會讓自己困在「不管怎麼做，都沒有用」的牢籠裡，因此反而是要讓自己再嘗試那第一百零一次，否則會在反覆逃避的過程中，證明自己「我果然是不行的」，而再次感受到自我挫敗。

然而，憂鬱與絕望時常聯手出擊，以至於「我想要努力對抗絕望，可是我已經好累了……」「但是如果我想休息、停下來，我又覺得我對我的困難，感到無能為力與絕望」，陷在這兩者的無限迴圈裡。

因此，該如何針對這兩者解套呢？我覺得**必須要區分憂鬱與絕望，並針對兩者，各自給予一些照顧**。

例如，你可以在自己真的「沒有力氣」的時候，告訴自己：「現在我需要的，其實是休息，而我的休息，是儲備我之後面對困難的經歷，因此我不需要有任何的罪惡感。」讓自己明瞭並接納，休息並不是代表放棄或無法改變。

而當自己真的好不容易鼓起勇氣，再給自己一次冒險的機會時，這時候，你的「再一次挑戰」，就是在面對你的「絕望」了！所以**當過程中遇到困難時，你可以告訴自己：「這個好辛苦的自己，很棒、很不容易。謝謝我自己，並沒有輕易放棄。」**在挑戰並突破自己時，感謝自己所付出的努力，知道自己正在做有意義的事。

當你累的時候，好好休息，不要有罪惡感；當你冒險時，放手一搏。千萬不要在沒力氣的時候，還責怪自己，也不要太快輕易相信自己「已經不可能變好」了。

藉此同時照顧到自己的憂鬱與絕望的感受。

（二）當你放棄——打敗自己的，其實是你自己

接下來，再多談一點「絕望」這個自我保護機轉：我「先行放棄」，我就不用面對自己的無能感。但這種自我保護的想法，有時候反而會讓自己愈陷愈深。為什麼呢？

我很喜歡一句話：「你努力，不一定會成功。但是你不努力，是註定會失敗的。」所以當你「放棄」的時候，真正打敗你的，就不是這場考試、這個對象，而是「自己」。而且在你「放棄」的那一刻，你就已經「先承認了自己是不行的、做不到的」。

所以，就算你透過「放棄」來保護自己表面的自尊，但**實際上，你比誰都還清楚，你正在自我放棄、逃避。這種糟糕的感覺，像小蟲一樣，侵蝕著你的自尊**。

所以真正打倒你的，是那個「選擇放棄」的你自己。

例如，不寫功課，反而累積更多沒寫的功課；不上學，反而失去更多與人交朋友的機會。你的放棄與逃避，讓現實的困難，累積得愈來愈多。

因此，當你發現，自己是因為「害怕失敗」而放棄，且當你判斷這件事真的是「自己應該

負起的責任」（而非別人強加給你的過度負擔），你一定要去面對。即使你有可能會表現得很差，你還是不應該逃避。

否則，當對失敗的恐懼，變成了自我束縛、畫地自限，到最後你可能變成一個「連自己都討厭」的人。

（三）願意努力面對的你，本身就是有價值的

你若習慣透過「放棄」來保有你的自尊、面對你的挫折與絕望感。或許在你心中，你有個完美主義的習慣：「如果沒有做到我心中想要的標準，那乾脆就別做」、「沒有一百分，那乾脆直接讓自己降到零分」，但你會發現，其實你連面對挑戰的那第一步都沒跨出。

呼應前一節的羞愧感，很多人要從「放棄」走到「面對自己」的過程中，會覺得非常困難與痛苦。因為很多人在過去放棄面對困難的過程中，他知道自己闖了很多禍、留下很多爛攤子。例如，已經放棄念書好一段時間、放棄溝通好幾年，或是一次又一次地戒酒，卻還是失敗。

所以在這一個又一個的爛攤子面前，困難與阻礙已經累積得愈來愈多。更重要的是，一旦決定要開始努力的那一刻，好像你就要開始面對過去那些曾經擺爛、做錯事情、失敗的自己，

所以光是要打起精神，開始改變，跨出第一步，就**形同要開始面對種種不堪的自己，而這會引發深層的「羞愧感」**。

但也請記得，正因為問題如此困難與複雜，所以當你「願意開始面對自己的問題」時，我覺得這本身就是一種勇敢、一種負責任的行為。

因此，我常對我的個案說：

＊「願意嘗試改變的你，雖然只是跨出第一步，但你已經開始在面對你自己了。」

＊「即使困難重重，即使可能失敗，但帶著『害怕』，都還是願意努力的你，對我來說，就是最大的成功。」

＊「真正的勇敢，不是確定你會成功，才去嘗試。真正的勇敢，是你知道那過程很困難，但你仍舊為了你所堅信的信念努力著。」

＊你的成功，不在於你「做得好」，而是在於你「開始面對」了。

＊即使這件事失敗了，但你的努力、你的存在，都仍然是有價值的。

上述這些話，都是一種自我鼓舞，當你想自我放棄時，可以用來提醒自己，給自己力量。

（四）尋找「例外」經驗

最後，或許你還是會很害怕，或者覺得自己怎麼樣做，都改變不了現在的困境。讓我們回顧一下，前面塞里格曼的實驗。塞里格曼為了找到預防「習得性無助」產生的辦法，他重新設計了自己的實驗。

塞里格曼讓狗在接受「情境一：無法逃脫的電籠」實驗之前，先把狗放到「情境三：可以躲避電擊的那個籠子」裡，狗就可以學習到，當牠們接受電擊時，只需輕輕一跳，就可以免受電擊的痛苦。

等到狗先學會如何擺脫電擊之苦時，再讓牠們參與第一個實驗，結果發現，這些狗就不太容易陷入「習得性無助」的境地。

因此，借用這個實驗，你可以提醒自己、問自己，自己真的「每一次」的努力，都是帶來失敗嗎？自己有沒有成功面對挫敗的經驗？

如果有這些成功經驗，你可以細化與具體化這些經驗。例如，那些經驗是怎麼發生的？當時的情況是什麼？別人做了什麼？你做了什麼？你帶著什麼心情去完成當初的挑戰？**透過這些細節的回想，你喚醒這些成功的經驗，也提醒你自己，並不是每一次的努力都會帶來失敗。**

如果你告訴我「沒有」，我想，那絕對不可能。有可能是，你在絕望的狀態裡待得太久。

你所看出去的世界，全都是絕望的灰色。

不過，我認為願意拿起這本書來閱讀的你，就是一種「不放棄」。**「不放棄」，有時反而是最不容易的一件事**。

我常對一些深陷困境的人說：「我很佩服你。如果我是你，我都不一定有信心，能像你一樣，挺得過這一切。」而很多人會說：「沒辦法啊，也只能面對。」但在我心裡，一個人能夠經歷很多的困難，一定有許多別人或自身的力量，支持著你。

如果你是深陷在痛苦裡的人，經歷過很多糟糕事情的人，我想告訴你：「你光是活著，本身就是一種奇蹟。」

第六節、羨慕與嫉妒

七歲的哥哥與四歲的弟弟，最近的衝突愈來愈激烈。從一開始的搶玩具，到後來，媽媽只是看弟弟一眼，哥哥就會氣得大哭，甚至會想衝過去打弟弟。媽媽一個頭兩個大。

在一次的對話中，我問哥哥：「你怎麼這麼生氣啊？剛剛媽媽看了弟弟一眼，你好像很不開心。」

哥哥說：「她都只抱弟弟，不抱我。」

這時媽媽急著解釋：「我哪有沒抱你？弟弟現在也很少抱了啊，而且弟弟年紀還小，抱他一下又沒關係……」

話還沒說完，眼看哥哥的情緒又要激動起來。我緊接著問哥哥：「你是不是覺得，媽媽只抱弟弟，不抱你，覺得媽媽比較喜歡弟弟，但是不喜歡你？」

哥哥小小聲地說：「對！」

哥哥的嘴巴嘟得高高的，感覺心裡好委屈。

哥哥一邊看著手上的玩偶，一邊還是偷偷地看著媽媽。

在旁邊的媽媽，這時才明白原來哥哥是這種心情，媽媽的眼眶也泛紅了起來。

在另一個場景。

男友的手機亮了起來，女友假裝不在乎地問：「是誰啊？」男友嗅到一絲不妙的氣息，所以習慣性地否認：「沒有啊。」

女孩聽到男友的否認，覺得男友有種想逃避自己問題的感覺，緊接著追問：「什麼沒有?!我看你手機最近一直有人敲你，還說沒有?」

男友感覺到女友的殺氣，更想淡化女友情緒：「就同事啊，幹嘛反應這麼大?」女友測試性說：「我看看。」

男友因為這種不被信任的感覺，心裡不舒服，所以說：「我為什麼要給你看?」女友挑釁地說：「沒做什麼虧心事，為什麼不能看?」男友感覺到威脅，整個防衛了起來：「這是我的隱私，為什麼要給你看?」

女友用一種帶刺的方式，自以為婉轉地講出自己心中的恐懼：「我每次看你聊天都聊得那麼開心，怎麼我看你跟我在一起就沒有這麼開心。是不是跟我在一起，你無聊了?還是膩了?」

男友聽到這種論調，開始蔓延起無力感：「為什麼每次都講到這個點上，我就從來沒這樣想過，我就沒這個意思……」

一、羨慕與嫉妒的異同

羨慕與嫉妒，是兩種很像的情緒，而這兩個情緒主要的差異在哪裡呢?

（二）二元關係——羨慕 vs. 三元關係——嫉妒

羨慕是二元關係：當對方身上有著我們想要的特質、能力、資源等，而自己所感受到的一種負面感受。例如一個人覺得：「他比我高、比我帥、比我有錢……」「那個新同事，明明就比自己晚進公司，但卻比自己還要快升職。」這裡面只有兩個對象：我、其他人。

嫉妒是三元關係：嫉妒是建立在羨慕的基礎上，但關係裡頭至少有三個人的存在。例如，我想要A的愛（或資源），但卻被B得到或奪走了，所以對B產生嫉妒的感覺。是兩人「競爭」之下，自己竟然「輸了」的感覺。

例如，古代宮廷劇中，嬪妃們嫉妒著其他女人，竟然可以得到皇上比較多的歡心，會很想「鬥」走其他女人。所以裡頭有「皇上（A）、自己、其他女人（B）」，而欲望投注的對象中，一方面想多得到皇上的愛，但另一方面又嫉妒其他女人竟然能擁有比自己更多的愛。

又例如開頭的例子，哥哥一方面想多得到媽媽的愛，但另一方面，也嫉妒弟弟擁有比自己更多的愛。

最後，雖然羨慕有時也會對別人產生敵意，或對自己產生糟糕的感覺，但整體而言，羨慕比較可能會因為羨慕對方，希望變得跟對方一樣，所以有一種成長的動力；然而，嫉妒比較容易想著如何把與我競爭的對方打倒，所以往往會陷入一種惡性爭鬥裡。

（二）羨慕與嫉妒中的「建設」與「破壞」

1羨慕：

「羨慕」是處在二元關係，在羨慕中，就只有兩個對象：「我」和「你」，所以這種羨慕的感受，將會有兩種發展的方向，心理學家分為「善意的羨慕」與「惡意的羨慕」。

善意的羨慕，會將對別人的羨慕，轉變成激勵自己的原動力[7]。例如，看到別人買了一輛新車，你告訴自己應該要更努力一點，所以情緒投注的對象是自己，透過提升自己，而去減少兩個人之間的落差。

這也是「阿德勒心理學」的核心理念「自卑與超越」。阿德勒的自卑，更正確的翻譯是「自覺不足」（Inferiority），而正是因為這種感覺，讓我們會想進步，甚至是人類社會、科學之所以會不斷進步的主要原因。

惡意的羨慕，則包含了一種「破壞性的意圖」，企圖貶低或破壞對方所得到的資源或優勢，以減少自己在比較中的落差[8]，例如會透過謠言、誹謗、詆毀、說閒話等方式，甚至透過道德上的詆毀[9]，達到破壞性的意圖，並且藉此消除「我很差」這種對於自己的負面感覺。

2 嫉妒：

「嫉妒」是處在三元關係，所以它正式從「比較」邁入「競爭」的階段。

我們什麼時候會競爭？就是在資源有限的情況之下。在前面手足競爭或是女友吃醋的例子中，他們的心中其實是想透過「打敗（也就是「競爭勝利」）」競爭對手（弟弟、某個想像中比自己更有魅力的女人），以得到媽媽、男友的愛。

而這個過程，是非常具有生存意義的。

因為在這個爭奪關係、爭奪愛的過程裡，非常有助於繁衍與生存。例如一群小豬要搶奪母豬的乳頭，讓自己得到更多的照顧，得以存活下來，或打敗情敵，才能得到對方的心。這種根植在基因中的動力，讓自己能夠得到繁衍後代的機會。

這也就是為什麼，嫉妒的感受往往比羨慕還要來得強烈、原始。因為嫉妒所喚起的感受，很多時候是「生存」之戰，攸關生死存亡。

反過來說，**當嫉妒大爆發的時候，甚至會演變成傷害、暴力，那是因為可能連接到一個人心中最深的恐懼：「我不好（自卑）」、「我可能會被拋棄」**。

因此羨慕與嫉妒，都有著「建設」與「破壞」的面向，端看我們怎麼使用這股強大的力量。

二、羨慕、嫉妒、「恨」——情緒暗黑化的來源

我們常說羨慕、嫉妒、恨，所謂的「恨」，代表在羨慕與嫉妒裡，有時候會從「建設性」的力量，轉變成帶有敵意、攻擊性的「破壞性」力量。這個差別與轉變，關鍵在哪裡呢？**會讓羨慕與嫉妒往建設性或破壞性的方向移動，關鍵在於「匱乏感」以及「自我價值感」。**

（一）羨慕生恨——你滿足不了我，所以你是壞的

前文提到，羨慕有時可以成為一個提升自己，非常好的原動力。但什麼時候，會讓羨慕變得暗黑化呢？讓我們用客體關係理論來說明。

小嬰兒在面對媽媽的乳房時，有很矛盾的情感。簡化來說，心理學家認為小嬰兒看見媽媽有很多豐富的乳汁時，一方面會很「羨慕」媽媽有豐富的奶水，很羨慕媽媽有這麼好的東西；但另一方面，也會覺得「我竟然沒有」，而感覺到很強烈的「匱乏感」。

這種覺得自己「竟然沒有」的匱乏感，會讓嬰兒覺得自己很糟糕。但一開始嬰兒無法接受這種糟糕的感覺，所以會想像那是媽媽的乳房對自己的一種「攻擊／迫害」，因此當媽媽沒有辦法給自己奶水的時候，小嬰兒就會很生氣：「為什麼你不給我奶水，我討厭你！你是『壞』的！」甚至會攻擊媽媽，例如咬媽媽的乳頭。

所以，**小嬰兒就對媽媽的乳房產生一種矛盾的情感：「既羨慕，又痛恨」**。一方面，「羨慕」媽媽有那麼多乳汁；另一方面，又會覺得「你滿足不了我。你害我不開心，都是你的錯」，所以產生一種又愛又恨的情感。

這種矛盾的感覺，隨著嬰兒漸漸長大，以及感受媽媽能夠接納自己這種攻擊性的包容，才會意識到，原來自己不是全能的：要什麼，有什麼。媽媽也不是全能的：有時媽媽是會讓自己失望的。最後在失望與憂鬱的心情中，慢慢地接受這個事實。

也就是，**羨慕會轉變成一種「恨」意，其實是自己心中有強烈的「匱乏感」，而自己因為內在的匱乏感覺得很糟糕，無法接受與消化這種糟糕的感覺，所以把心中這個糟糕的感覺投射到外面去。把外面的這個對象，想成是「很糟糕」的，藉此讓自己好過一點。**

反過來說，當你對自己有一定程度的信心，你就不會因為「部分的自己」輸給其他人，而由羨慕轉恨。

舉例來說，你只是很「羨慕」某某在音樂方面有很好的天分，但你知道自己的邏輯思考能力其實也不落人後。當一個人內在的匱乏感與自卑沒有那麼強烈，自然就不容易讓羨慕「暗黑」化。

（二）嫉妒生恨——如果我競爭輸了，我就一無所有

前文提到，嫉妒的核心是透過競爭、吃醋、占有，確保自己擁有足夠的資源。當有外來者得到比自己還要更多時，自己就會產生嫉妒。

看起來你在意的對象是競爭者，但實際上你在意的是，你在乎的人是否在乎你，給你足夠的愛。

因此，當你無法確保那個你重視的人專屬於你，而讓你覺得不安時，你就會嫉妒競爭者，甚至衍生出攻擊性。驅趕競爭者，降低對自己的威脅，捍衛自身的資源。因此，捍衛自己所擁有的，是一種生物的本能，也是很自然的生存反應。

但，是什麼讓嫉妒暗黑化呢？

回到本章最前面的例子，哥哥會對弟弟這麼生氣，是因為哥哥覺得弟弟把媽媽搶走了，這樣，他就「得不到媽媽的愛」了，且會在心中想像著媽媽一定「比較喜歡弟弟，勝過於我」。

女友對男友這麼生氣，當下關注的焦點是男友的反應。但實際上，當我們把焦點放回女友身上，會發現女友的內在很沒有安全感。女友很怕自己不夠好，男友會不喜歡自己，也很怕男友哪一天真的離開自己，那時自己該怎麼辦。

所以，這兩個例子，都有著一些核心的感受：第一，**覺得自己「不夠好」到讓對方能夠喜**

歡自己，留在自己身邊；第二，如果失去了對方，我就「一無所有」了。

「不夠好」是一個人的自我價值被動搖，「一無所有」則是一個人在關係裡被徹底的拋棄，這都是非常原始且強烈的感覺，會讓一個人內在的嫉妒，快速地被激活，並且「暗黑化」。

（三）讓羨慕與嫉妒暗黑化的動力：自卑與匱乏

總歸來說，羨慕與嫉妒都有著鼓勵你生存的正向意義，而會讓羨慕與嫉妒暗黑化的主要原因，還是與你的「自卑」與「匱乏」有關。

一個真正有自信，自我價值很穩定，也覺得自己內在很飽滿的人，或許還是會羨慕與嫉妒別人，但不容易讓這種情緒暗黑化，變得具有破壞性。

以下與大家分享一個我在網路上看到超級「霸氣」的例子[10]：

一個男生與前任女友分手之後，新交往了一位女友，兩人處得很好，但男友卻因為種種原因，念念不忘過去那曾經交往六年的前任女友。

現任女友知道這件事之後，沒有生氣，只是淡淡地對男友說：「從一開始就說了～我發誓，跟我在一起，我會讓你幸福，而且我會幫你成為你想成為的人，於是，你會是全世界最好、最快樂的男人，然後你的前女友會開始羨慕、嫉妒不已，總有一天，她會回頭來找你或夜裡懊悔哭泣。等到了那天，我會讓你選擇你的去處。而你要能分辨出什麼是占有欲，什麼才是愛。一旦選擇了前女友，就要有心理準備。你們彼此思想的不成熟，終究會是你們的瓶頸。但如果她才是你的真愛，那就不要放手。而對我，你也不用愧疚，因為像我這麼好的女人，一生遇到的都會是真愛，爾後也是。」

那種自信、姿態，還有那種「霸氣」，讓人感覺這個女孩的自信非常飽滿、穩定，因此沒有外來者能夠真正威脅到她的地位。而這女孩也非常有自信，就算失去，即使會難過，但自己也絕非「一無所有」。因此，她無所畏懼。

羨慕與嫉妒的核心是匱乏感與自我價值低落。你對於對方的羨慕與嫉妒，都還是回歸到自己身上。因為自己並沒有辦法確知，感受到自己的好與安全，所以要透過攻擊、反對其他人，來確保自己的安全。

三、如何善用羨慕與嫉妒

我們華人社會很矛盾，一方面在升學主義的文化底下，鼓勵大家競爭、要優秀、要出頭，以此光宗耀祖，激起我們內在很多羨慕與嫉妒的感受；但另一方面，在集體主義的文化底下，又非常需要以和為貴的友善氣氛，強調分享、相親相愛、不自私，因此大多數的人，對於自己有羨慕與嫉妒的情緒，都會覺得自己好像「太現實」、「太小心眼」，應該「更寬宏大量」一點，也就是，我們其實很壓抑羨慕與嫉妒的情緒。

但實際上，所有的情緒都有好的一面，端看你怎麼使用。因此，接下來我們談談怎麼更好地接納自己這些，看起來鋒利但卻真實存在的情緒，並且更好地使用它們。

（一）將投射出去的力量，收回到自己身上

1直問內在恐懼

首先，羨慕與嫉妒有一個特色，也就是關注的焦點大多都是在「其他人」身上，所以此時若要一個人把目光放回到自己身上，逼自己看自身內在的不足，這是非常痛苦的。

但是羨慕與嫉妒暗黑化的原因，是因為自己內在的匱乏與自卑，因此**要妥善地面對羨慕與嫉妒，就必須要勇敢地認識自己**。因此，當你意識到，自己過於羨慕或嫉妒其他人時，就應該讓自己停下來。

你要回到自己身上，**問自己：「我怕什麼？」**

是匱乏嗎？「我在那些我羨慕／嫉妒的人身上，看到了什麼，是我自己身上所缺少的

麼痛點嗎？」

是自卑嗎？「我看到對方的好、擁有的東西，我自己有嗎？他們的好，撩起了我心中的什麼痛點嗎？」

或許當你這麼問的同時，你會感到另一種無力感：「我知道我對自己沒自信已經很久了，可是我就是不知道該怎麼辦」，甚至是一種羞愧感，很想讓自己躲起來：「我知道我有很多問題、不足，我真的不想再去想這些了……」

這感覺很不舒服，但卻是認識自己，更是改變自己的第一步。

2 減少把自己放上「比較」的機會

由於現在社群媒體的大量曝光與使用，我們常常會過度仰賴網路上的評價，來定義自己的價值，再加上大家總會有個傾向，把自己比較好的一面展現給外人，而把不完美的部分藏起來，因此**社群網站往往是個滋生羨慕與嫉妒的大本營**。

另外，人往往有個機制與習慣，就是自己愈在意的事情，愈會放大它的影響力。所以**對你來說，愈自卑的事情，你就愈會去在意；但是愈在意，反而會愈自卑**。

例如，你很在意外表，你就會去看特別好看的明星或朋友；你很在意名利，你就會特別受那些炫富、功成名就的人影響；你特別在意人際關係，你就會特別在意那些朋友很多的人，然後看見對方出遊的照片，你扎心，甚至忍不住酸言酸語幾句。但其實你花愈多力氣說別人不好，更顯得你內在有顆自卑的心。

既然如此，那麼，倒不如把自己這種比較的習慣與眼光暫時關掉，或至少轉移一點注意力，或把注意力放在自己喜歡、重視、有信心的事上。這也回到前面提到的，把投注到外面的力量，收回到自己身上。

當你能夠把力氣花在增進與改善自己的時候，你自然會感覺到踏實，而羨慕與嫉妒也不再能緊緊抓住與限制你。

（二）用羨慕超越自己，用嫉妒建設關係

第二個階段，就是嘗試用羨慕超越自己，用嫉妒建設關係。

★ 羨慕：

有建設性的羨慕，是把別人的好當成是激勵自己的動力，就像是阿德勒提出的「自卑與超越」。「自卑」其實是超越自己的燃料，讓自己進步的原動力。

例如，很多人常會開玩笑提到網路上有很多酸民，成天以批評別人為樂，但如果這些人能

夠把批評別人的時間，拿去增長自己，或許早已功成名就。

當然這麼說，多少有些過度簡化，但這確實是一個把你的心力，用在更有建設性，也能夠讓自己愈來愈進步的地方，一種簡單，但重要的調整方式。

★嫉妒：

西爾維奧是阿爾貝托・莫拉維亞（Alberto Moravia）的小說《夫妻之愛》（L'Amour conjugal）的主角。身為家業豐厚的貴族，有一個理髮師會定期前來為他修剪鬍子。有一天，西爾維奧的妻子萊達羞憤地跑來告訴自己，理髮師在幫她理髮時，輕撫了她。

西爾維奧非常不安，但又覺得表現出嫉妒會顯得自己沒有度量而感覺羞恥，因此終究沒有辭退理髮師。然而幾個星期過後，他發現妻子和理髮師竟成了情人。

西爾維奧礙於自己的顏面與恐懼，認為嫉妒與猜疑是人格中卑賤的特質，是缺乏信任的表現，但這種壓抑嫉妒的表現，反倒讓妻子感覺到丈夫的「冷漠」，覺得自己不被重視。西爾維奧並沒有適時地拿嫉妒出來，保護自己的這段關係，最終真的讓自己的妻子與別人好上了。

也就是說，嫉妒有些時候的確是有一些保護關係的意圖在。我自己就非常喜歡在談戀愛的時候「吃一點小醋」，那是一種增加感情的小情趣。

（三）適當區分「想像」與「真實」

絕大多數的羨慕與嫉妒，往往發生在自己的想像中。雖然人都是主觀的，但適當地區分想像與真實，也是非常重要的一件事。

★羨慕：用想像打擊想像

在羨慕的範疇上，有一個有些腹黑，但滿有效的做法。

有一天，你受邀去一個久未見面的國小同學家裡作客。一進大門，就看見對方家裡的金碧輝煌，後來，同學拿出上好的紅酒招待自己。你聽到她平時的生活就是當貴婦，自己心中不免羨慕了起來。

你心裡愈想愈糾結，後來轉念一想：「你看看，這麼大的一間房子，打掃起來多累人，而且全都是大理石，住起來想必沒什麼溫暖。還有，物質條件是挺好的，但是孩子都已經大了，在國外念書、工作，都不回來，彼此的關係聽說也不是很好。自己雖然不能當貴婦，但每天踏踏實實地掃地、煮飯、工作，孩子也還算乖巧、懂事，其實也差不到哪裡去。」

人很容易在羨慕他人的過程中，一直拿著自己最糟糕的地方與別人最好的地方比，但別忘記，沒有人是完美的，你有你的獨特與風味，是別人怎麼都奪不走的，因此透過在心中的**「想像實驗」，其實是挺有效地幫助你化解心中糾結的感受**。

★嫉妒：**收回「投射性認同」**。

而在嫉妒的範疇上，若你仔細看前面的例子，其他人是不是「真的得到」比你還多的資源？你是否真的輸了？其實，倒也不見得。

＊媽媽是否真的像哥哥所想的，比較疼弟弟？

＊男友是否真的看了路邊的女孩，就覺得別的女孩比自己正？

＊男友跟別人說說笑笑，很開心，真的代表與自己相處很不快樂？

很多答案，都不一定。**在「嫉妒」裡，其實充滿了大量的「想像」**。

再舉個電影的例子，在《憤怒的公牛》（Raging Bull）電影中，勞勃．狄尼洛飾演一位患有病理性嫉妒的拳擊冠軍。在片中，勞勃．狄尼洛不斷詢問他的妻子，是否曾經與他的哥哥睡過？不斷否認、厭煩至極的妻子，有一次回答了「是」。即使事實並非如此，但勞勃．狄尼洛狠狠地毆打了妻子，也教訓了他的哥哥。

在這個例子中，勞勃・狄尼洛在心中不斷「幻想」自己的妻子與他的哥哥發生過關係，而他把心中的幻想，同時是內在的恐懼，丟向他的妻子（投射）：不斷詢問／指控妻子是否與哥哥睡過。而在不厭其煩的情況之下，妻子說出了「是」（認同），即使那不是事實，但透過不斷逼問的方式，讓想像變成了真實。

男方「投射」了內在的感受，強加在女方身上，最後女方「認同」了男方所投射出來的情感，心理學稱之為投射性認同。

很多關係裡的嫉妒，其實都是建立在這種「想像」之上，而想像往往也是立基於自己內在被拋棄的恐懼。

例如，兩個明明相處得不算差的情侶，因為女友內心一直很擔心男友拋棄自己，所以不斷「嫉妒」著那些與男友說話的女性友人，這其實是不斷「投射」自己內在被拋棄的恐懼到男友身上。

本來沒事，但後來男友也「認同」了女友丟給自己的「被拋棄感」，而真的開始覺得女友很煩，到最後就真的想要逃走。**印證了女友內心「你果然覺得我很煩，要離開我」的假設，**這也是一種很常見的投射性認同。

反過來說，前面提到西爾維奧對理髮師的態度，那反而是因為顧慮到自己的顏面與形象，太過輕忽了自己嫉妒的感受，以及嫉妒背後傳達出來的危機，因此沒辦法捍衛自己與太太之間的關係。

因此，**適時地辨識自己的嫉妒，究竟是否立基於現實，是一件很重要的事**。

（四）表達「脆弱」與「連結」，而不是「攻擊」與「控制」

其實嫉妒與憤怒有相像之處，它們外在表現出來的都是極具攻擊性的，但是內在卻是在保護恐懼、脆弱的自己。

大多數的人，不敢表達嫉妒的原因，是很怕自己會混雜了很多憤怒、失控，甚至自己也不喜歡這個「小心眼」的自己，然而「嫉妒」在大多數的時候，原動力還是因為對「關係的渴求／被拋棄的恐懼」。也就是說，嫉妒的本意常常是要捍衛關係，但到了最後，卻變成破壞關係。

既然如此，**我們就要嘗試保留「關係性的表達」，並著重在表達自己脆弱的感受**。例如，你可以跟對方說：「你跟其他人相談甚歡的時候，我真的很害怕我在你心裡是不是不重要。我知道你很在乎我，我也不想給你太多壓力，但我仍舊想跟你說我心裡真實的想法。」

或者，在另一種情況中，當你發現你的表達已經帶有攻擊性或控制，例如：「我不准你跟那女生出去。」很強烈地對某個外來者有很強烈的敵意時，你心中就要響起黃色警報，甚至當開始變成具體的「批評」、「控制」等行動時，你的心中就要響起紅色警報了。

但話說回來，在羨慕與嫉妒中，本來就有些許敵意與獨占性，只要不過度地激化，變成真正的傷害性的行為，其實也都是在合理範圍的。

第七節、恐懼

快滿兩歲的小銘，跟著媽媽去公園散步。他看到一隻比自己體型大一點的柴犬，柴犬很興奮地想要嗅嗅小銘的味道。

小銘第一次看到這麼熱情的狗，但狗突然靠近，讓小銘嚇到躲在媽媽後面，緊抓著媽媽的衣角。

小莉在上小學的第一天，與絕大多數的孩子很像。

小莉在門口與媽媽拉拉扯扯，不想進教室。到了最後，好不容易進了教室，但在一個完全陌生的環境，小莉完全不知道自己該怎麼融入大家。

她整個人像是被凍僵一樣，在座位上，一動也不敢動。

一、恐懼的內涵——天生內建的避險機制

在維基百科的定義裡，恐懼是人在面對現實中，或想像中的危險時，所產生的一種緊張的情緒反應。恐懼對於人的「存在」來說，是一種重要而正面的情緒。可以說，**沒有恐懼的提醒與保護，就不會有人的存在**。

很多小朋友怕黑、怕鬼、怕衣櫥裡的怪物，遇到陌生人，也會害怕；而綜藝節目上的恐怖箱，永遠都是在還沒揭曉恐怖箱裡是什麼的那一刻，最讓人膽顫心驚。

所以，我們往往因為未知，而感到恐懼。但我們究竟是怕什麼？

當動物遇到一隻比自己巨大、兇猛的野獸時，會本能性地避而遠之；而一個三歲的小孩，不用透過教導，也會自然地怕一條蛇，或巨大的聲音。

小嬰兒從媽媽的子宮裡被丟擲到這個世界的時候，哇哇大哭，因為這個世界對他而言好新、好大、好陌生、好危險，小嬰兒不知道該怎麼面對。小嬰兒如果找不到媽媽，還會害怕地大哭，因為感受到威脅。

所以我們害怕的是危險、傷害、威脅，無論是外在的具體威脅，或者被媽媽丟棄，都是一種恐懼。不過，大多數的恐懼，都是在演化過程中，內建在我們的基因裡，為了幫助我們躲避危險。

二、恐懼的生理機制

在遠古時期，我們與野生動物共處同一片土地。男人們外出打獵，遇到大黑熊，大黑熊比人類的力量大上許多。這時，我們可能會產生三種反應：戰鬥、逃跑、驚呆，簡稱「戰、逃、呆」。

（一）情況一：戰

我們的人數眾多，前後看看，總共有十個夥伴，大家都有備而來、氣勢高昂，所以我們「喝」

地一聲，所有人衝上前去。有人拿石頭，有人拿長矛，有人拿陷阱，群起圍攻，把大黑熊打敗，還把大黑熊帶回家，當成今天的晚餐。

（二）情況二：逃

我走在路上，大黑熊突然出現在我眼前，距離我一百公尺。我發現我沒有武器，也沒有同伴。如果繼續上前，我一定會打輸大黑熊。這時，我心中湧起一種恐懼感。我決定三十六計，走為上策，趕緊離開這個危險的地方。

（三）情況三：呆

我走在路上，大黑熊突然從草叢跳出來，距離我只有三公尺。大黑熊前一秒，用熊掌撲上我，後一秒，用利齒咬了我一口。我想，我已經沒有逃脫的機會。我放棄逃命，任黑熊擺布。

上面三個小故事，表現當我們遇到威脅時，會有三種內建在我們基因裡的自動化反應：「戰、逃、呆」，當然，也會有相對應的情緒與生理反應。

「戰」對應到第一節的「憤怒」，**憤怒幫助我們應戰**。

「逃」則是對應到這一節的「恐懼」，**恐懼幫助我們躲避危險**。

「呆」則對應到本書第三章的「情緒隔絕」，**隔絕讓我們麻痺自己、降低痛苦**。

與此同時，「恐懼」也會引發我們的生理反應[11]，例如，腎上腺素大量釋放，進入應急狀態，心跳加快、血壓上升、呼吸加深加快；肌肉（尤其是下肢肌肉）供血量增大，以供逃跑或抵抗；瞳孔擴大、眼睛大張，以接收更多光線；大腦釋放多巴胺類物質，精神高度集中，以供迅速判斷形勢。

恐懼讓我們為「逃跑」做出更好的準備，所以我們在遇到危險時，當下會避開危險是動物的本能，也是人類的本能。這並不可恥，這很正常。

恐懼，是為了讓我們「活下去」。

三、恐懼的分類

接下來，請你回想過去的經驗，並開放地問自己：「你怕什麼？」

我們怕黑、怕鬼；怕蟑螂、怕老鼠、怕蛇、怕老虎；害怕疾病、害怕死亡；害怕被丟棄、害怕失去自己；害怕失敗、害怕被嘲笑、害怕陌生人；害怕認識真正的自己、害怕離開舒適圈、害怕改變。

人類無所不怕，但我們，究竟怕什麼？

我嘗試將恐懼分為三大類，一是生理性恐懼（或我稱之為原始恐懼），二是關係恐懼，三是「恐懼自我」。

（一）原始恐懼（生理性恐懼）——死亡恐懼的變形

有一種恐懼，是因為我們覺得這個對象充滿了危險，所以我們想要避開。例如怕蛇、怕老虎、怕老鼠、怕生病，因為這些會讓我們陷入危險、受到傷害。那麼如果受傷、遇到危險，會如何？我們會死。

當我們還原恐懼的原貌，我們會發現，我們最終恐懼的是「死亡」。所以，我將其稱之為死亡恐懼，或是死亡焦慮。

這種恐懼很正常，但也非常巨大，且難以面對，所以人類試圖想要控制這種巨大的恐懼感，因此我們會「創造」出一些原始恐懼的象徵物。

例如，遠古時期，很多部落相信「萬物有靈」，山有山神、水有水仙、樹有樹精、虎有虎爺、蛇有蛇妖。我們會把許多大自然的生命附上鬼或神的意義，對其抱有敬畏之心。

我們也會把死亡具體化為死神，並且嘗試「對抗死亡」，而死亡也會有許多型態的變形。例如很多恐怖電影，有狼人、吸血鬼、殭屍、魔神仔，透過傳說、故事、圖畫、小說、電影等方式，將這些恐怖元素，**藉由媒介，透過觀看、談論、演出等方式，來讓我們感覺我們對於這些恐懼的元素有「控制感」**。

這就是為什麼許多人熱愛看恐怖片，而且愈恐怖，愈害怕，但卻愈愛看。因為我們可以經歷這種恐懼感，但又不被這些恐懼給傷害。我們既感覺危險，又身處安全。我們創造出這種矛盾性，並且從中感覺到：「**我可以面對這些恐懼，但又不受傷害。**」

但有趣的是，有時候我們反而會為了證明「我是可以面對（死亡）恐懼的」，而故意創造，甚至是挑戰死亡恐懼，所以我們會創造出一個又一個的恐怖幻想來嚇唬自己。

例如，大學時期的營隊，常常有夜遊，或是玩碟仙、去鬼屋冒險，這都是刻意讓我們置身在這種恐懼裡，藉由挑戰它，來克服它。

我也常在網路上看過許多人挑戰死亡，包含做極限運動，或是故意在極高的大樓上，做後空翻、騎腳踏車等，營造出差一步就會跌落高樓、命喪黃泉的恐怖情境。

這些人透過這種方式，來挑戰自己的死亡恐懼，透過戲弄死神，感覺自己的全能感與掌控感。

（二）害怕失去關係或自我——分離恐懼與融合恐懼

而人類第二個恐懼的大宗，與「關係」有關。

在遠古時期，男人在外面打獵，需要三五成群結夥，才能安全地捕回獵物；而打獵的目的，是為了要回到部落裡，分給其他夥伴。部落裡有女人，女人孕育小孩。小孩必須被母親保護著，才能夠存活下來。

人類是群居動物，因為人類在生理上太過脆弱了，所以必須要有夥伴，甚至要組成一個部落，才有利我們存活下來。

所以**沒有「關係」，就沒辦法「活下來」，這也是根植在我們基因裡的**。

心理學強調，人類有兩大需求，「親密」與「自主」。相對應的，**人類也有兩大恐懼，「害怕失去親密（失去關係）」與「害怕失去自主（失去自我）」**。

害怕失去親密的恐懼，從我們很小很小就開始了。在生命的早期，我們的確需要依賴一個人，這個人往往是我們的父母，確保我們能夠活下去。

所以當媽媽對一個孩子說：「我不要你了、我不愛你、你是壞小孩……」這是最難忍受的，孩子會近乎崩潰地大哭，因這對於一個孩子而言，是拋棄，是最深的恐懼。

在我們的基因裡認為，如果爸媽真的這樣對待孩子，孩子是活不下去的。而這種恐懼，一直到長大，我們都還是持續著，所以有許多成人，也一直殷殷企盼著，可以得到父母的理解、接納與關愛。

這也是**我們為什麼之所以害怕衝突，害怕憤怒、害怕被指責。因為我們在心中會認為，當一個我在乎的人，對我生氣、罵了我，我就會失去與這個人的關係，失去親密**。

與此同時，我們又有另一個極端的需求是自主，所以我們也會害怕失去自主。最常見的情境，是在小孩兩三歲的時候，不斷地透過說：「我不要」來捍衛自己的自主性；青少年透過「拒絕」來向父母表達：「我有跟你不一樣的想法」，一直跟父母強調說，我要「做自己」。這都是在捍衛自己的自主性，害怕自己的自主性被剝奪。因為我們也會害怕失去自己。

在伴侶關係裡，也往往會有「親密」與「自主」兩個極端的矛盾與衝突。這種矛盾感，可能出現在兩個人身上，甚至會出現在同一個人身上。

當「親密」與「自主」的需求與恐懼，分別出現在兩個不同的人身上時，就是近幾年在愛情心理學裡，常被提及的「焦慮依附」與「逃避依附」。

焦慮依附是害怕失去親密、失去關係、害怕被遺棄；而逃避依附，則害怕被控制，害怕因為與一個人在一起後，失去自己。

但「親密」與「自主」的衝突，在某些時候，也會出現在同一個人身上，例如在依附關係中，若你是「矛盾依附型」的人，你的內在同時會有兩種衝突：一方面很害怕對方不在乎自己、會拋棄自己；但另一方面，當對方真的離自己很靠近的時候，又會害怕失去自由，失去自己的空間、怕被吞噬。而這兩個感覺，可以同時存在於一個人身上。

又或者青少年，一方面有追求獨立自主的需求，希望爸媽可以「尊重自己」、讓他能「做自己」喜歡的事；但另一方面，又希望可以得到父母的認可，希望被父母喜歡。這同樣也是「親密」與「自主」兩個需求的打架，同時害怕失去自主，也害怕失去親密。

甚至可能發生在每一天的日常生活裡，例如，中午同事問你要不要一起吃飯的時候，你既想自己一個人好好休息，但又想要跟同事一起聊天、培養感情，所以內心百般糾結。

因此，你會發現許多時候，親密與自主的需求，常常會在一個人的身上同時存在，並產生內在衝突。

舉了很多例子，不過，我想提的是，追根究柢，我們人類的第二大類恐懼，就是「關係恐懼」。

（三）恐懼自我——害怕面對自己

上面提到的兩種恐懼，生理性恐懼（死亡恐懼）、關係恐懼，基本上都是根植在我們基因裡，這與大部分的（群居）動物也有很高的相似性。

但人類很特別的是，我們有複雜的心智，我們有「自我」，有不同於動物的，豐富且複雜的「內在世界」。

第三種恐懼，是與恐懼面對自己的內在有關，以下將與大家談談。

四、恐懼——改變最大的敵人

為什麼要把恐懼放在最後一個章節來談論呢？因為「恐懼」往往是我們要跨出改變，最大的一個敵人。

前文提到，恐懼是因為未知，因未知代表危險，而「改變」其實也是一種「邁向未知」的過程。

怎麼說呢？我的工作是位心理師，工作內容有很大一部分，是幫助一個人改變原本面對問題的習慣，看到盲點，並做出不同的選擇。而在工作的過程中，我常常會與個案討論，原本的選擇，可能會有什麼限制或是風險。幫助個案看見，現在應對問題的方法，何以會讓自己反而愈來愈深陷其中。並且，做出新的選擇。

但很多人，在要跨出改變的那一步時，會非常害怕。

例如，前面我們談到許多面對情緒的方法，讓我們以憤怒為例。

小靜從小到大，都是用「順從」的方式在面對所有的關係，因為在過去的經驗裡，小靜學到只有「聽話」，才會被喜歡，自己才「安全」。

但是長期下來，卻養成了一個「不懂得生氣」的自己。例如，當小靜的老闆在工作上，有過分的要求時；朋友對小靜開很過分的玩笑時；在公車上被性騷擾時，小靜都沒有辦法表達不滿或抗議。

「如果我說出口了，會不會很奇怪……？別人會怎麼看我？」小靜小小聲地說。

在一次的諮商過程中，我鼓勵小靜對某一個曾經傷害自己的人，表達出自己的「憤怒」。因為當初對方用很不禮貌的方式批評了小靜，小靜現在回過頭看，覺得非常傷心，所以小靜想告訴對方：「我不該被你用這種方式對待！」小靜想試圖找回自己的力量，但是當小靜決定要說出口的那一瞬間，還是恐懼到全身發抖。

或許你會說，表達憤怒本來就不是一件容易的事情。但在我諮商的過程中，還有另一種很常出現的狀況是，我常常鼓勵個案可以相信自己的好、肯定自己，試著去喜歡自己，享受自己努力後的成就。

文慧對我說：「可是，如果我太喜歡自己，不會變得很自以為是嗎？」「我很怕我喜歡自己後，會變得很自私……」

對於沒自信的文慧而言，她最想要的就是培養自信，但當我告訴文慧，你可以無條件地喜歡你自己的時候，文慧反而在這個時候卻步了。

所以，我更可以知道，其實真正讓文慧害怕的，不是「喜歡自己」這件事情，而是文慧從來沒有用這種新的方式對待自己，那等於是走到了自己的內在世界裡，那是文慧從來沒有到達過的一個領地。而這個陌生的領地，反而讓文慧覺得恐懼，甚至會想要用原本的方式活著就好。

再舉一個更常見的例子：

你的好朋友怡芸失戀了。她告訴你，她的男朋友好吃懶做，又吃軟飯，沒工作，只會跟自己拿錢。重點是，男友憑著自己長得還過得去，竟然到處跟別人搞曖昧，甚至還發生了關係，讓怡芸生氣又難過。

但是當你建議怡芸：「那你為什麼不乾脆離開他呢？」怡芸告訴你：「可是，他也沒有那麼糟。有時，他也是有貼心的一面。而且他說他會反省，我想再給他一次機會好了。」

但聽在你耳裡，只覺得怡芸這個女孩真是太傻。你也挫折又沮喪，為什麼怡芸總是不聽勸。

聊到最後，怡芸告訴你：「其實，我只是怕，如果我離開了他，會不會我什麼都沒有了……？還會有人要這樣子的我嗎？」

其實怡芸不是真的喜歡跟這個爛人在一起，她只是害怕，害怕離開現在原本的這個關係，自己會過得更不好、會活不下去，甚至是，其實怡芸知道離開這個爛人，會過得比現在好，但是要做這個決定，怡芸還是很「害怕」。

改變，就像是你開了一家生意不好的店，你明明知道現在的生意不盡理想，每個月都虧損，但你會害怕：「如果我換了另一種經營方式，會不會讓我的店從此一蹶不振，就此倒閉？」你甚至會說服自己：「雖然現在我的生意不好，但日子也還算過得下去，不如就將就將就吧。」但你卻忽略，有可能你的生意再繼續赤字下去，最後你連成本都會賠了進去。而**這個成本，就是你自己的時間、自信與尊嚴**。

而背後最深的恐懼，其實是「不相信我自己能夠面對，改變之後所帶來的後果」，是對自己的沒自信。

五、如何克服恐懼？

最後，讓我們談談如何面對恐懼。馬克吐溫說：「勇敢並非沒有恐懼，而是克服恐懼，戰勝恐懼。」所以**克服恐懼的方法，並不是讓自己不再恐懼，而是帶著恐懼，你還是能做你想要做的事**，不被恐懼所控制。

以下將針對四個步驟，幫助你面對你的恐懼。

（一）區分「想像」與「真實」的恐懼——恐懼循環的四個階段

馬克白（Macbeth）說：「當下的恐懼，沒有我們幻想中的可怕。」而在《哈利波特》的世界裡，有一種生物叫做「幻形怪」。幻形怪喜歡隱藏於黑暗的地方，例如衣櫃和櫥櫃。幾乎沒人看過幻形怪真正的樣子，他能隨心所欲地變成人們心中最恐懼的東西。

小說家凱倫．湯普森．沃克（Karen Thompson Walker）在二〇一二年TED Global的演講指出，恐懼就像是自己在大腦裡對自己說一個故事，是一種想像力的展現，迫使我們去想像可能的，各種未來（糟糕）的結局。

有一些恐懼真實且合理，例如你遇到了火災、地震，或有個搶匪拿著刀在你面前出現……這時，恐懼幫助我們活下來。但更多時候，**我們的恐懼，是因為過去我們曾經發生過糟糕的事情，而自行「創造」出來的。**

在《毒型情緒》這本書裡，提到恐懼喚起想像的怪物，而這會形成恐懼循環的四個階段。

1過度想像

你告訴自己：「完了！完了！我的報告一定很糟糕……」「我快要喘不過氣、要昏倒了……」你想像著自己最糟糕版本的結局。

2恐懼的反撲：搜尋線索

接著，你會搜尋許多與現實的連結，例如演講的人告訴自己：「你看，台下的人果然都沒聽我說話，我果然講得很爛！」恐慌症的人則會告訴自己：「我現在的心跳好快，好快，我可能快要心臟病發了。我就快要死了！」

3癱瘓或加速失敗

在這麼巨大恐懼的情況下，你發現你恐懼至極，動彈不得，最後忘稿，愣在台上；又或者你因為過度注意自己的呼吸與心跳，因為太緊張而換氣過度，讓你真的「暈過去」。

4 恐懼的根源：第一個記憶

最後，這一次的恐懼經驗，會變成你下一次的恐懼來源。例如，下次當你要報告的時候，你又會想起這次糟糕的報告經驗，讓你更不敢上台，或是在上台之前，你就已經開始擔心，又或是恐慌發作，讓你都不敢出門。

當你進入恐懼循環的時候，就代表你腦袋裡的幻想，正在對自己說著「最糟糕的那個版本故事」。

（二）直面恐懼

恐懼最麻煩的事情是：一、當我們掉入恐懼循環，恐懼會透過我們的想像力，不斷被放大；二、**恐懼會讓我們想要與這些我們內在覺得危險的事情「保持距離」。但保持距離的結果是，讓我們更沒有機會體驗到「矯正性經驗」——讓事情有不同的結果**。

因此，我們要克服恐懼的方式之一，就是要打破自己想像中的恐懼。而打破恐懼最好的方法，就是直接面對它。

1思考最糟糕的結果，但不被其控制

例如，**你可以把你的恐懼寫下來，並且仔細地去思考它，思考「最糟糕的情境」是什麼，而你又可以怎麼去面對它**。問自己，如果真的發生了，你承受得了嗎？

例如，如果你在報告的時候，真的被同學笑了，會怎麼樣嗎？會很丟臉嗎？但其實大家不會真的一直記得你的糗事。

或是你在一份工作裡，你一直害怕自己離職後會找不到下一份工作，所以每天身心俱疲。但最糟的狀況，就是離職後，去找一份打工，或是請朋友、親人資助自己，就也不會讓自己餓死。

而前文提到離不開渣男友的怡芸，害怕與男友分手後，自己就一無所有。但最糟的情況，也不過就是大哭一場，以及有一陣子的生活混亂、身心俱疲，之後可能還會單身寂寞好一陣子，但再怎麼樣，也不會活不下去。

你會知道，雖然後果可能不盡理想，甚至有些淒慘，但最糟糕的情況，還是過得去，自己還承受得了，那麼，你就可以告訴自己：「既然最糟糕的都能面對了，那我還有什麼好怕的？」

當然，你也必須有一個合理的判斷，判斷自己的想像是否真實。

舉例來說，有恐慌發作經驗的人，往往會擔心自己會不會哪一天喘不過氣來，因為心跳太快而心臟病發死亡。但在這個恐懼裡，有個極大的矛盾是：「你有真的因為心臟病發而死嗎？不可能。因為，如果你真的因為心臟病發而死，你現在不會還活著跟我說話。」所以這種恐懼，非常巨大、真實，但實際上，發生的機率是非常低的。

但如果你害怕分手的原因是，你害怕有暴力傾向的伴侶，會傷害你與你的小孩，又或者是你與伴侶分手後，你完全沒有任何一丁點的經濟來源。那麼，前者，你必須確保分手不會遭到對方的報復；後者，則需要在分手前，先為自己存一些錢，待你找到工作或後援後，再執行分手計畫。

所以，**我們其實都有能力讓恐懼落地，回到真實，就事論事地去處理與解決。**

2 挑戰自己的害怕——一百天恐懼挑戰計畫

另一個方法是，直接去挑戰那些會讓你恐懼的事情。

有一個來自委內瑞拉的女孩Michelle Poler，她決定進行「一百天恐懼挑戰計畫」。持續一百天挑戰自己害怕的事物，例如因為怕高，所以去跳傘；因為害怕爬蟲類，所以讓蟒蛇與毒蜘蛛在自己身上；因為害怕別人眼光，所以刻意穿著睡衣出門、當裸體模特兒。最後，第一百天的挑戰，是站上ＴＥＤ舞台，進行演講。

在每次做這些事情之前，女孩都非常害怕，但**每當她挑戰一件她所害怕的事情時，她感覺自己克服了恐懼，並從中得到巨大的自信**。因為她發現「我所害怕的事情，並沒有真的發生」，「而我有能力去挑戰這些讓我害怕的事」。

3 洪水法與系統減敏感法

在心理治療裡，有一種「暴露療法」，讓患者置身於刺激性的情境裡，使之漸漸適應，耐受其刺激。例如，讓怕蟑螂的人與蟑螂接觸，因而漸漸地不怕蟑螂。

「暴露療法」分兩大類，第一大類是洪水法，第二大類是系統減敏感法。

洪水法，是讓你（在知情的情況下）一次大量地接觸到你所害怕的刺激物。例如把你丟到一個充滿蟑螂的房間裡。一開始，你可能會瘋狂地尖叫，但過了三十分鐘之後，你發現，蟑螂不過就是蟑螂，蟑螂並不會真的對你造成什麼危險或損害，而漸漸放下對於蟑螂的恐懼。當然，這種治療方法「太刺激」，也很少有人願意嘗試。

但是，**如果你在人際方面特別內向、害羞，害怕與陌生人說話，我很推薦「羞愧攻擊法」，就是刻意去做一些讓你覺得尷尬或丟臉的事情**。例如，去搭訕一百個不同的女生，並且體會被拒絕（當然偶爾也會成功）的感覺。你會發現到最後，被拒絕也不過就是如此。而上述那位「一百天恐懼挑戰計畫」的女孩，就是採用洪水法治療自己。

我也曾經做過類似的練習。本質上，我是個很內向、害羞的人，我之前曾刻意讓自己去做一個挑戰，那是在聖誕夜時，我在街上舉個Free Hugs的牌子，讓我有機會可以跟路人對話、拍照、擁抱。

我讓自己練習主動地邀請路人，透過眼神，釋出善意，這都是幫助我自己克服恐懼的方法。那時，我發現，有些人會回應我的邀請，但也有些人會拒絕我。不過，那些拒絕並沒有擊垮我，我也慢慢相信這件事沒那麼可怕。

另一種方法是「系統減敏感法」，是讓你階段性地去習慣讓你害怕的刺激。方法如下：將你置身於不同強度的刺激裡，並且逐漸增加刺激的強度，再搭配呼吸練習與肌肉放鬆訓練，去降低你對這個刺激的不舒服反應。

舉例來說，一開始，會要你看一張蟑螂的圖片，你會很緊張，但透過放鬆訓練，你漸漸不會被蟑螂的圖片所驚嚇。接著，讓你把玩假的蟑螂玩具。一開始，你同樣會很緊張，但漸漸地在放鬆訓練的幫助下，你也會漸漸地不再害怕，以此類推，讓你到最後，能與活生生的蟑螂共處一室。

又或者在人際關係上，我常常鼓勵我的個案，漸進式地去嘗試自己所害怕的事。例如，害怕與人說話的人，我會建議他，先在不說話的前提之下，漸漸地待在人群旁邊，而不是躲到自己的手機裡，接著，慢慢地可以在每天早上的時候，與同學打招呼，再漸漸地開啟話題：「早安，今天的考試，你準備了嗎～」最後就可以慢慢地融入人群，與別人聊天。

或者，**我在諮商中，常常遇到不敢表達憤怒的人，我會先請對方在諮商室裡，練習對一個抱枕（代表著要表達憤怒的對象），做想像的練習與表達**。

接著，再先從比較沒有危險性的反應，例如去客訴一個不禮貌的店員開始。慢慢地增加強度，例如對自己親近的人憤怒，到最後，讓個案表達自己心裡真正的感覺。

4 小結——訓練你的恐懼肌肉

彼德曼（Catherine Pittman）和卡爾（Elizabeth Karle）在《扭轉焦慮腦》[12]一書中指出：「大腦中發展出後天恐懼或焦慮反應的區域，可以反過來重新改寫。」而紓解恐懼的方法是：「持續將自己暴露在誘發因子中，才能改造反應。」

彼德曼和卡爾強調，最佳治療的手段就是不斷刺激。「杏仁核學習的最佳狀態是當神經元受到刺激的時候，猶如鍛鍊肌肉的最佳條件是肌肉纖維疲勞時一般。同樣的道理，反覆練習將使你變得更加堅強。你可以將暴露於恐懼因子的訓練，想像成杏仁核的健身，你的努力將漸漸強化杏仁核。」

兩位作者指出，對受外顯恐懼反應所苦的人而言，練習過程雖然艱辛，但也會逐漸適應。所以，當你愈挑戰你所害怕的事物，等於是在訓練你的「恐懼肌肉」，讓你更有力量面對恐懼。

（三）改編你恐懼的故事

小說家凱倫．湯普森．沃克認為恐懼與寫小說，基本上是非常相像的，都有起承轉合、有故事情節、有一個結局，只是恐懼往往都是走向最悲慘的結局。

解鈴還需繫鈴人，既然許多會讓你畫地自限的恐懼，往往是自己想像力的產物，那麼，我們也可以透過想像力來與之對抗。

在某些原住民部落，孩子從小就被教導如何面對恐懼。例如，大人會讓小孩子閉起眼睛，想像一條六、七公尺長的雙頭毒蛇，在他們面前挺起身子，然後告訴他們，就算想要逃走，毒蛇還是會緊跟在後，而且會愈長愈大，每次只要回頭看一眼，毒蛇的頭就會多出一顆；但如果不逃跑，而是用眼睛盯著毒蛇看，看得愈久，毒蛇就會變得愈來愈小。

這是一個遊戲，**孩子們會從中學到，當你面對恐懼、盯著它看，它就會開始縮小**，直到變得與螞蟻一樣小，然後你就可以消滅它了。

在《哈利波特》書中，用來對付會幻化成各種恐懼形體的「幻形怪」的方法，就是用魔法咒語中的「叱叱荒唐」，咒語把幻形怪的外觀變成不太可怕，甚至是滑稽的幻象，來削弱它的能力。

在我的諮商實務工作裡，我也會提供一些想像力的實驗。例如，**可以嘗試把那些謾罵你，讓你覺得很害怕的聲音，想像成變成「唐老鴨」的聲音。你會發現那些話，變得非常愚蠢，也變得沒有那麼具有威脅性**。

又或者你常常回想起自己小時候被爸爸用皮帶抽打的畫面，你可以試著把這個畫面，裝進腦袋裡的電視機裡，讓它變成是電視螢幕上的一齣連續劇。如果你覺得還是會受影響，就再把這齣電視劇的聲音關小，或者再把這電視機放在房間的角落，減少這畫面對你的影響。

這都是運用你的想像力，來對抗你的恐懼。

（四）增加自信——練習自我肯定

最後，焦慮與恐懼都有個核心是：「覺得我做不到」，而這背後其實是對自己的「沒自信」。當然這份沒自信，是在恐懼循環圈裡不斷被加乘與放大，也就是，你因為不敢嘗試，所以更覺得自己做不到；而當自己做不到、避開危險的時候，你就更覺得自己是沒能力，而變得更不敢嘗試。所以恐懼就一直在原地，被你的想像無限制放大。

但我常說：「**真正的勇敢，並不是不害怕，而是帶著害怕，仍舊嘗試去面對。**」

所以來找我諮商的個案，我都會先肯定個案願意與我談論自己的困難，因為光是要向另一個人談論自身的困難，等於是承認自己的不足，那就已經是一份了不起的勇氣。

另外，在過程中，嘗試去做一些小實驗、小挑戰，例如前文提到，對著抱枕表達出內在的感受，讓自己可以經驗不同的情緒而不去壓抑，這些都是很重要的小突破，也都非常值得被肯定。

而若你能告訴自己：**「雖然我現在還沒有辦法做得太好，但是這個努力嘗試面對的我，其實是很不容易的」，這也是一種建立自信的方式**。

提摩西・費里斯（Tim Ferriss）在《擊破恐懼，任意學習》的TED演講提到，他如何從對於游泳、學語言、跳舞的恐懼，到最後成為一流的游泳選手、精通五六種語言、得到國際舞的世界冠軍。對他而言，恐懼不是阻礙，而是告訴自己還有什麼地方是不足的，而那不足處，反而是學習方向的指引。

你會害怕，表示你正在做某件自己從未嘗試過的事，你正在脫離自己原本的舒適圈。而脫離舒適圈，也就是改變的開始。

請記住，我再次強調，面對恐懼的目的，不是讓你不再恐懼，反而是可以先承認自身的恐懼，知道自己正在害怕，但是「仍舊繼續往前」。而當你承認、直面你的恐懼時，你就有機會戰勝自己的恐懼。

---

1 〈憤怒療癒力〉https://www.bnext.com.tw/article/49424/overcoming-destructive-anger:-strategies-that-work。

2 https://youtu.be/fNaOA2J1RA8。

3 《當下，與情緒相遇》，曹中瑋著，張老師文化出版社。

4 《關係黑洞》，周慕姿著，商周出版社，與《心理醫師的傷心自救手冊》，商業周刊出版社。

5 《探索頻道雜誌》國際中文版，https://pansci.asia/archives/81259。

6 《Preventing Suicide Among Gay and Bisexual Men: New Research & Perspectives》。https://www.academia.edu/28181008/Preventing Suicide Among Gay and Bisexual Men New Research and Perspectives。

7 Wallace,2014。

8 Hedges, 2012; Wallace, 2014。

9 Smith, 2004。https://womany.net/read/article/15739。

10 https://www.ptt.cc/bbs/Boy-Girl/M.1525192667.A.365.html。

11 https://zh.wikipedia.org/wiki/恐懼。

12 https://pansci.asia/archives/81259。

第三章、潘朵拉的盒子

——情緒隔絕的機制

第三章、潘朵拉的盒子——情緒隔絕的機制

第一節、情緒隔絕概述

一、自我保護的保險絲

在第二章情緒七罪的最後一節，我們提到「恐懼」讓我們避開危險，其實這是有自我保護的功能在的。不過，在我們的生存機制裡，還有一個更徹底的自我保護機制，叫做「隔絕」。

這種保護機制，就是每個人家中的電箱裡都存在著保險絲，當電量負荷過大的時候，就會斷電。斷電是讓電流不要繼續處於超載的狀態。**「情緒隔絕」也就是我們內建的保險絲。**

舉例來說，當一個人遭遇重大的虐待或傷害時，他會「抽離」。對於許多曾經被家暴的人而言，他在小時候被打時，打到最後，往往已經「沒有感覺」了，不會感覺痛，也不會感覺害怕；也有些人說，當她被性侵的時候，一開始會極力抵抗，但是到了最後，她就像靈魂出竅一般，靈體分離，懸浮在半空中，看著自己被性侵的畫面。

這些經驗，都是一種「斷電」的自我保護機制。

我曾經在一次演講的場合，提到「隔絕」的自我保護機制。有個聽眾恍然大悟，並在演講結束後，意味深長，但仍難掩心痛地告訴我：

「我現在才知道，為什麼每一次我跟我老公吵架的時候，我就會『聽不到』他跟我說的話。那時候，老公都會很生氣，氣我好像不在乎他，我自己也覺得很挫折……

「但現在我知道了，小時候，我常常被我爸爸打，或許，我『當機』的反應，只是在保護我自己吧……」

二、情緒隔絕是有用的

「隔絕機制」是有用的，可以最小化自己的痛苦。隔絕是存在我們基因裡的自我保護機制。

在一望無際的非洲大草原上，有一隻獅子追趕一隻羚羊。羚羊拚命地跑，但卻還是被爆發力十足的獅子給追上。獅子一口咬住羚羊的脖子，此時，「隔絕」的保護機制啟動了。羚羊關掉自己的感覺，牠全身癱軟，放棄掙扎，讓自己靜靜地死去。

羚羊的「隔絕」機制啟動，有兩個好處：第一，可以讓自己不要有感覺，這樣在死的時候，就不會那麼痛苦。**第二，讓自己有機會逃脫**，因為當自己隔絕感覺的時候，會進入一種類似死亡的狀態，有時候獅子會掉以輕心，不小心鬆口，而羚羊反而有逃脫的機會。

另一天，一隻羚羊遇見一隻新手獅子，羚羊被新手獅子咬住了。羚羊關掉自己的感覺，全身癱軟。獅子以為羚羊已經死亡，所以鬆開了口。在那一瞬間，羚羊抓緊機會開溜。羚羊拚命地逃，逃到了一個安全的地方。羚羊心有餘悸，但總算保住自己的命了。

這時候，羚羊甩動全身上下的肌肉，從頭、身到腳，像是發顛一樣地抖動——羚羊在試圖恢復自己剛剛為了逃命而關掉的感覺，好讓自己回復原本的狀態，也就是正常吃飯、正常睡覺、正常生活的狀態。

羚羊透過「抖動」嘗試恢復自己身體的感覺，不過，這正是羚羊與人類最大的不同點之一：**人類失去了這種自我修復感覺的能力**。

我們有強大的腦袋，但我們卻會用這個腦袋，不斷複習曾經發生在我們身上的創傷，反而深陷其中。我們創造出恐懼、焦慮、自我批判，原意是要保護自己，但在過度使用的情況下，反而讓自己更深陷其中。

三、超出「容納之窗」

當然，並不是每一次的壓力都會造成那麼大的創傷，甚至讓一個人像保險絲那樣斷掉，只有當這個刺激超出一個人的身心所能承受範圍的時候，才會出現問題。

胡嘉琪是一位專門與創傷工作的心理師，她在《從聽故事開始療癒》一書裡，提到「容納之窗」（Window of tolerance）的概念。當我們遇到刺激時，會引發我們的身心反應，以應對該刺激。例如用憤怒保護自己，用害怕躲避危險。「容納之窗」指的是：一個人能容納多少程度的刺激。

當我們的刺激強度在容納之窗「適中」的範圍時，我們能感覺到喜悅，也能承受一定程度的挫折、難過、憤怒等負面情緒，並且讓這些情緒，協助我們與他人溝通、解決問題、達成目標。舉例來說：

曉婷今天在學校月考，當考卷發下來的時候，曉婷很緊張，因為她很在乎這次考試的結果，因此她用適當的緊張、焦慮，協助自己更專心地面對眼前的考試。

而在考完試的那一刻，曉婷非常開心，因為終於度過這項壓力與挑戰，她開心地與朋友在放學後去看電影。

但當刺激強度超出了容納之窗，身心處於過高或過低的激發狀態時，我們將會生病、引發生心理異常，感受不到快樂，也無法應對新的刺激與挑戰。

★ **過度激發（交感神經啟動）會讓一個人容易衝動、暴怒、焦慮、緊張。**

★ **過低激發（副交感神經啟動）會讓一個人陷入挫折、憂鬱、沮喪、羞愧等狀態。**

文琪是曉婷的同學，但她處在一個完全不一樣的狀態。

文琪在面對考試前，整個人的胃糾結了起來，還跑了好幾次廁所。

文琪非常緊張，緊張到全身冒汗，呼吸急促（**過度激發**），而當考卷發下來，並看了第一題之後，她發現：「糟糕！我不會寫！」文琪整個腦袋變得一片空白，她心中升起一種「算了！反正我努力寫，也不會考好，就乾脆放棄好了」。（**過低激發**）

文琪因為處在一個過高／過低激發的狀態，反而導致文琪沒有辦法應對眼前的挑戰。

一般來說，**經歷過重大創傷，或是長期處於高度壓力的人，他的容納之窗的範圍會變窄，也會讓一個人容易重複擺盪在過高或過低的激發狀態**。就像在坐雲霄飛車一樣，讓人覺得失去控制。

對一般人而言稍感壓力的事情，可能對另一個人來說，是會壓垮其身心狀態的刺激。而「情緒隔絕」，則是當一個人的身心超出了容納之窗，像在坐雲霄飛車，擺盪到了「過低激發」的那一極，看起來「沒有感覺」的反應，實際上是已經超出了負荷，在一種失控的狀態中。

胡嘉琪心理師認為最佳的身心狀態，應該維持在一個適中的範圍裡，以利我們面對困難與挑戰。書中也教導了許多技巧，協助我們拓展容納之窗的範圍，讓自己的身心狀態維持在較為平穩的狀態，同時更能承受壓力事件的衝擊。在本書第五章〈四、痛苦承受力〉，二八八頁的技巧，全都是用來拓增容納之窗的方式。

第二節、情緒隔絕的方式

人類有許多不同類型拒絕接觸情緒的方式，而我們必須了解自己是用什麼方式「斷電」，保護自己，我們才能夠有意識、有選擇的，在某些不該隔絕情緒的時候，保有自己的感覺，甚至在某些情況下，有意識地隔絕某些負面的刺激（例如把對方無禮的謾罵當成耳邊風），有覺知、有意識地用隔絕來自我保護。

以下整理幾項關於情緒隔絕的方法，希望能讓你更了解自己的情緒隔絕。

一、斷電——感覺不到感覺

前文提到羚羊被獅子咬著脖子時的假死反應，還有人類被暴力或性侵時的靈魂出竅，這都是最典型，也是最極端的情緒隔絕。

我再舉一個例子：

有一次，我的右手拇指不小心被碎玻璃劃傷。當下鮮血直流，但我沒有感覺到太明顯的疼痛，有點像是透過一層濾鏡看著自己。

無論是身體的感覺或心理的驚慌，在那個當下，我都沒有太多感覺。

還有一種很常見的狀況：

有一天，我在散步時，看見一個四、五歲的小孩在玩遊戲，可能太開心了，他跑到一個比較高的小平台上。那個小平台的高度，在孩子不小心跌落時，是會受傷的。

這時孩子的爸爸突然大吼一聲：「你在幹嘛！下來！」

小孩的第一瞬間反應是愣住，全身僵直，等到爸爸把小孩帶到安全地方時，孩子才放聲大哭。

孩子在第一瞬間是在「驚呆」的狀態。「驚呆」也是在自然界中，當動物遇到危險時的第一個反應。

前文舉出的例子，都是我們的身、心以一種「斷電」的方式，自我保護。那不是自己的意識能夠控制的，這也是最典型的「情緒隔絕」反應。

在上述的這些情境中，基本上都是在當下有個相呼應的巨大刺激或傷害，讓一個人進入「斷電」的狀態，以保護自己。但健康的狀態是，過一段時間之後，身心會慢慢回復正常的狀態。

但若你時常遇到一點小刺激、小情緒，就馬上處於這種「斷電」、「突然沒有感覺」的狀態，或許你是長期處在某種壓力下，又或是曾經遭遇巨大創傷所導致。

二、否認感覺——無法辨識或不想承認自己的感覺

另一種狀況，看起來很像情緒隔絕，例如當你關心對方的感受時，對方可能會說「沒有。」「不知道。」也就是「否認」自己的感覺。

舉例來說，前文提到打架的小混混，他在打架的過程中，為了要保有氣勢，是不能承認自己害怕的，所以要透過叫囂、表達生氣的方式，來掩飾自己的害怕。

又或者有很多人，當你指出，他是不是心情不好，或是生氣時，他第一時間會說：「沒有啊、沒事」。但你明明就看得出來他臉臭，語氣帶刺，或者被籠罩在一種低氣壓裡。

這種情緒隔絕的反應，比較不是因為接受到一個強烈的刺激而斷電，而是一個人在面對情緒時，習慣「保持距離」，對自己的情緒很陌生。而與情緒保持距離的理由分為兩種，第一種是無法辨識，另一種是不願承認。

（一）無法辨識

我們是怎麼認識情緒的？小時候，我們看到一隻蝴蝶，媽媽會在旁邊說：「你看，這是蝴蝶！」孩子久了之後，就會知道這個五顏六色的小東西叫做蝴蝶，情緒也是如此。

在我們小時候，當我們哭了，媽媽會問：「你是不是肚子餓了？」或是當我們看見狗，而把身體瑟縮起來的時候，媽媽會問：「你會怕狗狗，是嗎？」又或者當我們大聲說話、大力摔東西的時候，媽媽會說：「你很生氣，對不對？」

久而久之，我們就能夠標記自己的這些情緒，並且用語言表達出來，例如：「弟弟好討厭，他都搶我東西。」這些互動對一個孩子的情緒發展來說，非常有幫助。

但是**很多父母，對孩子的情緒關注不夠，甚至會否定孩子的情緒，所以無法陪孩子認識自己的情緒，孩子自然也就無法辨識與理解自己的情緒為何**。

（二）不願承認

而在我們的文化裡，不只對情緒的認識很薄弱，更多時候，我們會否定孩子的情緒。

所以我們會說：「這有什麼好生氣的！」「哭哭就沒有人要囉！」久而久之，我們不只不了解自己的情緒，還對自己的情緒貼上負面的評價與標籤。

我們「內化」了父母教導給我們「情緒是不好的」的價值觀。我們也用父母對待我們的方式對待自己。

又或者前文提到小混混的例子，可能從小到大的經驗，他都常常被打罵、被欺負。如果他瑟縮起來、顯露出害怕，在他的經驗裡，可能只會被打得更慘、更容易被欺負，或者感覺自己很沒用。所以小混混學到，再怎麼樣，也不能表現出害怕的樣子，而要武裝自己，才能保護自己。

又或者有的父母，一開始帶著良善的用意，希望孩子努力再努力，加油再加油，遇到困難，只要咬著牙，忍耐就能度過，這也會讓孩子學到，休息、挫折是不好、不被允許的。

這些都是在過去經驗中、文化薰陶底下學習到，「有些情緒是不好，且不被允許的」，所以我們自然會在我們的內在建立起一套屬於情緒的規則。如果在沒有特別意識的情況之下，我們會對於某些情緒比較熟悉，也對另外一些情緒感到陌生，甚至隔絕。

或許你會問，如果我自己都感覺不到，或者不願承認，那麼，我要怎麼知道自己有這個感覺。

其實，**你的身心是很誠實的。你沒有感覺到，但你會「表現」出來。**

例如，一個否認自己生氣的丈夫，但你會發現，他明明講話特別激動、大聲，還臉紅、手握拳。或者，你一直提不起勁，在工作上有很強烈的倦怠感，甚至頻繁地感冒、生病，這都是一個訊號，提醒你，你最近的狀況不太對勁。

在「辨識」出自己的感受之前，需要先讓自己「經歷」這些感覺，所以你可以讓注意力像是探照燈一樣，聚焦到自己的呼吸，甚至手握拳頭，藉此體驗自己的憤怒。或者讓自己放慢速度，靜下心去感覺自己最近好累、好累的疲倦感，或許你會發現肩頸是緊繃的，胃也一直糾結著。

所以，讓自己「趕快振作起來」，或者「控訴自己」怎麼那麼「愛生氣」之前，請先好好理解自己的內在，究竟發生了什麼事。

三、不讓自己停下來——工作狂、喋喋不休、焦慮型媽媽

另外，還有一種隔絕情緒的方法，是透過讓自己不斷忙碌，藉此隔絕掉自己的感覺。例如工作狂，你會發現這種人成天浸泡在工作裡，忙忙碌碌。可能身體都已經出了狀況，臉上也失去光彩與笑容，但還是停不下來。

也有一種人，一講起話來喋喋不休。與他相處，你會感覺到滿滿的負能量。與他溝通、要關心他時，會覺得雖然他說了很多話，但是話說得愈多，卻讓我們愈不理解這個人。像是有一

道牆一樣，把你深深拒絕在他的心門外。

再例如，台灣家庭中很常見的焦慮型的媽媽。表面上，她們為先生、孩子做各種家事，忙進忙出，但其實，她們的心裡累積了許多「怨」。這些怨都是感覺自己好辛苦，但卻沒有好好地被善待。不過，她們自己也「停不下來」，沒辦法讓自己好好休息。

以上這些「讓自己不斷忙碌、不要停下來」的狀態，也是一種隔絕自己情緒的方式。

在這些人心裡，他們會覺得，如果他們愈努力地做，事情就會被解決，甚至自己的辛苦與痛苦就有機會化解，就有辦法得到快樂。

但實際上，更多時候，是在忙碌的過程中，已經忘記去感覺自己的感覺，體諒自己的辛苦。既然感覺不到自己有多辛苦，那當然很難對自己關照。

四、延宕反應

還有一種情緒隔絕的反應，並不是沒有發生，但是會Lag（延宕），舉例來說，我有朋友這樣告訴我：

「當初我爺爺過世的時候，我沒有太多的感覺。其實平常爺爺也滿疼我的，但我在過程中，一滴眼淚都沒有掉。可是心裡又覺得哪裡怪怪的……那時候，我在想，我是不是有問題？還是其實我很不孝……」

這種「無感」，大多數的時候，並不是真的沒有感覺，更不是因為感情不夠深、冷血無情或不孝。**有時在自己還不知道怎麼面對的時候，身心的確會讓自己像是「跳過」一樣，先不去碰觸這種感覺**。

但或許在告別式後，或在爺爺忌日的那一天，又或經過某一個與爺爺一起玩過的小公園，又或在看某部電影時，甚或在某個好好靜下來的片刻，那些感覺才會湧現，情感才會開始又流動了起來，所以這種「延宕」也是一種正常的情緒隔絕反應。

又或者，我在諮商工作裡，當需要處理一些危機狀況，例如有孩子突然想自殺，孩子因而陷入一種失控或衝動的狀態裡，此時，我也會很自然地把內心一些慌亂的情緒先收起來，直到處理完危機事件後，我才有機會關照自己的內心，包含驚嚇、焦慮、慌張等。

五、小結

上述提了幾種情緒隔絕的分類，然而，並非所有的「情緒隔絕」都是異常、有問題的。

舉例來說，當你走在路上，突然被一個冒失的路人騎車撞倒在地，你可能會受到驚嚇，甚至斷片，但過了一段時間後，你會漸漸康復，恢復到原本應對生活挑戰的彈性。

也有一些孩子，會習慣性地把父母或老師的話當成「耳邊風」，隔絕那些會讓自己不舒服的語言，這反而有助於他杜絕那些傷害。

所以，**會讓「情緒隔絕」出現問題，必須建構在兩個條件之下：「長時間且無法回復正常狀態」以及「不可控制」**。

如果一開始用情緒隔絕的方式因應，但經歷過一段時間後就漸漸康復，基本上，這是人類應對重大壓力事件的正常反應。其實，**我很鼓勵我的個案可以「有意識」地選擇，哪些話要聽、不聽，甚至是離開現場**。在心裡「有意識」地打岔、轉移注意力，讓自己在面對壓力時，可以不用「正面接受衝擊」。

真正出問題的人，就像是一個彈簧長期在被擠壓的情形下，失去了正常應對生活的彈性。又或者是，明明知道自己在逃避情緒，卻還是不斷忙碌，停不下來，或者讓壓抑下來的情緒，變成更可怕、更暗黑的情緒或行為，那才是真正的危險。

第三節、隔絕情緒的風險與代價

有人會問，既然生活這麼困難，情緒這麼痛苦，隔絕情緒又這麼有用，何樂而不為呢？

一、沒有痛苦，也沒有快樂

很多人都很希望自己能夠沒有痛苦，只有快樂，但實際上，痛苦與快樂，是一體兩面的。

一個隔絕自己痛苦的人，也會感受不到快樂。

還記得我在前言提到的故事嗎？我在求學階段，爸媽因為太過忙碌，沒機會與我互動，我自己又是屬於天生氣質比較內向的孩子，所以我學習到用「沒有感覺」來應對所有的事情。

那時，我看起來好像很穩定。實際上，我確實不是一個太需要讓人擔心的孩子，我也很少真的發脾氣，或是傷心得大哭，但當時我已經處在一種「身心失衡」的狀態。那時，我的朋友告訴我：「欸，邱淳孝，那個時候看到你，就覺得你好像欠了人家幾百萬。經過你身邊，就感覺烏雲籠罩。」

那時的我，沉迷於網路遊戲。我會組隊、打怪，但那對我而言其實不是娛樂，更像是一種麻痺自己的刺激。而我在學校的成績也維持在中上，不乏拿到一些獎狀，但我只覺得理所當然，而沒辦法感覺到成就感。

我很少能夠從這些事情裡，感覺到真正的快樂。

我問過很多長期麻痺自己、隔絕情緒的個案：「你最近一次感覺到快樂是什麼時候？」他們總會露出一種很困惑的表情，或勉強擠出一個答案。

當你不想要痛苦時，你也會失去你的快樂。

二、失去應對挑戰的能力

情緒是用來面對困境的，但當你隔絕了在那當下應有的情緒時，你也失去了面對挑戰的能力。

許多女人隔絕憤怒，在一段關係裡委曲求全，不懂得保護自己。她們在公車上被性騷擾，但不敢罵對方。在婚姻裡被家暴，但不敢求救或離開這段婚姻，這反而更苦了自己與孩子。

許多男人隔絕脆弱的感受。當你聲嘶力竭地告訴他，你對他的失望時，他只是默默地聳肩、攤手，繼續看著遠方或滑著手機。男人不會告訴你，他的內在也非常無助。

男人試圖讓自己變得可靠、沒有問題，但實際上是他們不知道如果把脆弱的自己展現出來，自己會不會被傷害，還值不值得被愛。

許多青少年隔絕害怕，不斷挑戰最危險的事情，飆車、鬥毆、混幫派，他們想證明自己是勇猛的，但卻是用莽撞掩飾自己的恐懼，因而漸漸邁向自我毀滅。

許多表面高自尊、內在很自卑的權威者，對自己很沒自信，但又需要裝出一副可靠的樣子，所以隔絕羞愧與罪惡，膨脹自我。

當別人指責他們的時候，他們會用更激烈的方式反擊回去，他們不願承認自己的錯誤。他們看起來自大、自負、自我中心，但反而更沒辦法檢討與反省自己的錯誤。

三、壓抑之後的反彈

前文提到，當你不要痛苦時，你也會失去快樂。有人說，如果是這樣，我可以不要快樂，我只要安穩地、沒有傷害地度過我的後半輩子就好。

但是，當你用「情緒隔絕」的方式來避開痛苦的時候，你真的就不痛苦了嗎？

（一）隔絕並非解決，更多只是壓抑與迴避

首先，其實你沒辦法真的隔絕痛苦，更沒辦法解決問題。你只是淡化你對痛苦的感受度，像是給自己打麻醉劑，但**你所受到的傷害與痛苦，其實都還是存在，甚至會變成一種逃避**。

舉例來說，丈夫用「隔絕」的方式面對太太的嘮叨，結果太太反而更覺得先生漫不經心。或是我不斷打電玩，讓自己保持忙碌，隔絕自己對於考不好的挫折感，結果反而讓我的成績一落千丈，讓我更沒有辦法應付學業的挑戰。

也有許多人，非常善於「勉強」自己，例如配合別人的期待去改變自己、討好別人、順從別人、當個聽話的乖孩子，以為這樣，別人就會喜歡自己。但實際上當你這麼做的時候，自己是很委屈，甚至犧牲的。

這種沒尊嚴的感覺很難受，所以很多人會麻痺自己的痛苦，忽略自己的委屈。但長期下來，反而會讓自己愈來愈不懂得照顧自己、保護自己，一直做出一些勉強自己的事情，讓自己暴露在更多傷害之下。

（二）矛盾反彈效應

再者，你所壓抑的情緒，最終還是會反撲[1]。一九八七年，丹尼爾・韋格納（Daniel Wegner）教授與同事進行「白熊實驗」。

你是否發現，**某一些記憶深刻的事，很難輕易地說忘就忘，甚至愈是告訴自己要忘記，反而愈無法忘記？**例如，難以忘記告白失敗的痛苦，或被禁止吃某些食物時，反而愈想吃……**這種現象，就稱為「白熊效應」**。

韋格納教授將自願參加實驗的參與者隨機分成三組，並分別給予這三組不同的指令。

第一組：先請參與者「不要想到白熊」，五分鐘後，再告訴他們「請想白熊」。

第二組：先請參與者「請想白熊」，五分鐘後，再告訴他們「不要想到白熊」。

第三組：先請參與者「不要想到白熊，萬一想到白熊，請想紅色的汽車」，五分鐘後，再告訴他們「請想白熊」。

接著請所有參與實驗的人，只要想到白熊的時候，都要按一次鈴，藉此測量他們想起白熊的次數。實驗的結果出人意料，韋格納教授得到以下幾個結果。

★ 被告知不要想到白熊的人，按鈴的次數反而是最高的。

★ 第一組的人一開始被禁止想白熊，等到五分鐘過後能夠想白熊時，會出現「反彈現象」：想到白熊的次數反而會大幅度增加。

★第三組的人，被告知當忍不住想起白熊時，就改想紅色的汽車作為替代方案，反而讓他們在能夠自由想像白熊的階段時，減少了反彈的現象。

實驗結果告訴我們，當我們愈努力想要壓抑腦袋裡的想法時，反而會讓自己想得更頻繁，所以我們明明告訴自己，不要懷念前男友，卻反而會在夜深人靜時，回憶襲來；而當我們為了減肥而告訴自己不要吃甜食時，反而對甜食產生一種莫名的吸引力。

韋格納教授等人根據此現象，提出了「矛盾反彈理論」（ironic process theory）：當你愈想壓抑某個念頭時，該念頭愈有可能冒出來。

而當你愈想要隔絕或壓抑某些感覺時，這些感覺和想法反而會更像是鬼魅一樣，對你陰魂不散。

（三）困難與痛苦，無法避免

佛教認為「人生是苦」，並提到「人生八苦」為：生苦、老苦、病苦、死苦、愛別離苦、怨憎會苦、求不得苦、五陰熾盛苦。人生在世，有太多困難與挑戰，甚至痛苦，都是無法不去面對的。

那豈不是很悲觀與絕望嗎？但**我常對個案說：「我們沒辦法不面對痛苦，但我們能夠提升面對痛苦的能力。」**

很多人覺得這個世界很危險，所以嘗試將自己隔絕於所有的危險之外，就像有的母親怕孩子學壞，就盡量阻隔孩子「教壞朋友」，但也因為一直以來都這麼做，所以就更缺少一些機會，讓自己練習、培養「面對困難與痛苦的能力」。

四、「說」不出來的，就會用「做」的

當你壓抑自己時，不只會讓你被這些情緒反噬，甚至會讓情緒用更糟糕的方式展現。

心理學有一個詞「行動化」（Acting Out），指的是人會將內在的一些衝突或情緒，展現到他外在的世界之中，或轉變成其他破壞性的行為。

二〇一四年犯下台北捷運隨機殺人犯行的鄭捷，造成了四死二十四傷的傷害，震驚全台。在事件爆發之後，記者訪問了與他同住九個月的王姓室友。

室友說他覺得鄭捷是一個脾氣很好的人，與鄭捷相處的那些日子，沒有看過鄭捷發脾氣，因此對於鄭捷做出殺人的行為，他感到很訝異，也很震驚。

雖然我們無法真正地了解鄭捷心中確切的想法，但透過一些報導，可以知道鄭捷從小就有想自殺或殺人的想法，但當他透露出這些想法時，大多數的人都只當他是在「開玩笑」，而沒有真正重視與理解鄭捷的內在世界。

而那些「說」不出來的，內在的痛苦，很可能到最後就會化成自殺的行為，或者是殺害動物，甚至是隨機殺人的舉動。

當然，並非所有的壓抑，都會造成這麼難以彌補的傷害。但共通的是，**大部分我們沒有機會表達出來的情緒，也都會在變形之後，以其他更具破壞性的行為展現出來。**

舉例來說：

＊一個長期覺得爸媽總是偏心弟弟的哥哥，跟爸媽抗議，但爸媽只會回應：「你就讓著弟弟一點。」於是哥哥開始趁爸媽不注意的時候，偷偷欺負弟弟。

＊一個對爸媽埋怨已久的孩子，他可能會用在學校闖禍的方式，表達對爸媽的抗議。

＊一個對自己沒有自信的中年男子，可能會透過「外遇」的方式，重拾自己當初被重視的價值感。

＊一個長期被同學霸凌的孩子，某一天，突然與同學爆發激烈的言語與肢體衝突，但老師與父母卻還困惑著：「他平常很乖啊，怎麼會突然如此？」

這些都是因為內在有一些無法被正視的感覺，反而會透過更糟糕的行為，來表現內在被壓抑下來的情緒。因此，正視自己的負面情緒，有意識地消化與處理，但不是隔絕負面情緒，這對一個人的心理健康來說，是非常重要的。

接下來，我們要談談，若沒有妥善處理自己的暗黑情緒，還可能演變成什麼更大、更嚴重的社會問題。

---

1 https://www.jiandanxinli.com/materials/502。

第四章、暗黑情緒的延伸

——為何人性中有這麼多的「惡」？

第四章、暗黑情緒的延伸——為何人性中有這麼多的「惡」？

前文談了一些暗黑情緒，並且進行深入的剖析，讓大家對這些情緒更加了解，也知道該怎麼更好地面對這些情緒。

但你或許也會發現，許多情緒往往都不是單一出現的。人的情緒非常複雜，往往會有多種情緒交替或混合一起出現，而這些眾多暗黑情緒連鎖出擊後，就會變成我們看到的很多「人性之惡」，甚至從個人的情緒困擾，變成整個社會的問題與創傷。

以下挑選「自殺」、「暴力」、「霸凌」這三個主題來解析，也幫助大家更理解這些可怕，但真實存在的現象。

第一節、自殺

對大多數的人來說，很難理解為什麼一個人會想自殺，而大多數的人因為不理解，所以產生恐懼，也因為恐懼，所以會想逃避，會想輕忽與淡化其重要性。

這也就是為什麼，很多人在遇到有自殺危機的人時，會脫口而出：「他只是在吸引注意力，不要理他就好。」「既然他想死，不如去死一死。」「不要想那麼多，人生還有很多快樂的事，想想你的父母吧！」

不過，這些言論在想自殺的人耳裡，都非常刺耳，但那也是因為大家對於自殺，充滿了恐懼與不了解。

一、自傷不等於自殺

首先，要區分自傷與自殺的不同。這兩者同樣都是一種自我傷害，相同之處，是都有嚴重的情緒困擾，以及對自己的自我價值感低落；但背後的動力，還是有很大的不同。

自傷的人，主要有幾個動力：

（一）控制感

「當我用刀子在手上劃出一道傷痕的時候，我頓時覺得，身體裡的一些髒東西，好像慢慢地流了出來。而在那瞬間，有一種非常非常放鬆的感覺。好像我所有的煩惱，在那一刻，都已經不再重要……」

這是一種在心理上看起來很弔詭，但卻是非常多有自我傷害的人，曾經描述過的一種體會。而我認為，之所以自我傷害能夠達到某種程度上情緒宣洩的效果，至少有兩個原因。

第一個原因是，在自我傷害的過程中，能夠感覺到某種「控制感」。在一個內心充滿痛苦的人心中，往往會覺得事情是失控的、情緒是失控的、傷害是不斷出現的，或許自己唯一能夠控制的，就是自己的身體——我能創造自己的傷口。

（二）轉移注意力

第二個原因是，透過這種強烈的刺激，來轉移注意力。**透過肉體的痛苦，轉移心裡的痛苦**。

不論是自殘、撞牆等，透過強烈、外在的刺激，造成具體身體上的痛苦，而這種身體上的痛苦，能夠讓自己把全部的注意力，轉移到身體上，而可以暫時地不用感覺自己心理上的痛苦。這種轉移注意力的方式，是讓情緒得以宣洩的其中一個原因。

（三）感覺自己的存在感

在一個有強烈痛苦情緒的人心中，往往有個習慣，就是會給自己打麻醉針，以減緩心中的痛苦。那痛苦可能是被霸凌的痛苦、父母離婚的痛苦、對自己很自卑或自我否定的痛苦、人際孤獨的痛苦。

無論痛苦的來源是什麼，因為找不到好的宣洩情緒的方式，所以就用一種最簡單的方法：「不要感覺」，也就是前文所說的「情緒隔絕」的機制。

但是「不要感覺」，並沒有辦法真正解決問題。而且一個「不要感覺」的人，關掉了痛苦，也關掉了快樂。會感覺自己像是行屍走肉、像是個空殼子一樣。整個人空空的，失去了存在感。

而這時候，若能在自己的手上創造出一些傷口，創造出一些痛感，那會讓自己覺得自己好像還活著。

（四）吸引注意力

最後的一個動力，是吸引注意力，但其實「吸引注意力」並不是每一位自我傷害的人都會有的動力。

反過來說，在我的經驗中，其實大多數的人，並不希望自己自我傷害的事被發現。因為大多數會想自我傷害的人，對自己很沒自信，也會特別在意他人的眼光，因此一旦被發現自己自我傷害，必定會招來身邊的人過度的關心或是責罵。

對自己自我傷害的行為，也帶有許多羞愧感，所以若割腕，他們會選擇在手臂內側、大腿內側、衣服遮住的地方。這樣，就可以比較不被發現。

當然，也有另外一類的人，可能在意識或潛意識上，希望透過這種方式，讓身邊的大人們，知道自己正在痛苦。所以，他們以一種自我傷害的方式，變相控訴著身邊的人：「你看，都是你們害的，讓我這麼痛苦」，又或者在潛意識中，希望自己可以因為傷害，而被注意到。

二、自殺

而自殺的人，背後則是不一樣的動力。

（一）想解決自己的痛苦

想自殺的人，並不是真的想要結束自己的生命，而是想要結束自己的「痛苦」。

例如有嚴重的失眠困擾或是高敏感的人，會過度地受外在環境、聲音影響，導致自己總是在高度警備狀態；又或是從戰場上退役的軍人、經歷過重大創傷的人，他們會在腦海裡不斷重複著一些創傷的畫面。

當然也包含嚴重的情緒困擾，如憂鬱症、躁鬱症、思覺失調症，或曾經歷重大事件，例如成功一輩子的大老闆，卻因為經商失敗而負債累累，從此一蹶不振，無法東山再起；或是相知相守的老伴，已經在一起六十年，兩人形影不離，但當其中一個人過世時，留下來的那一個，也不知道怎麼繼續活下去了。

而這些大量的，或反覆出現，無法停止的痛苦，會讓一個人無比「絕望」，這時，就會很想透過自殺，結束自己的痛苦。因為，那是他們所想得到，唯一的一個出口。

（二）覺得自己是別人的麻煩

另外，自殺還有個意義是：「希望自己消失」。什麼人會希望自己消失？有一類的人，當他們覺得自己是身邊的人的麻煩時，就會希望自己消失。例如，可能是在生活中，不斷地闖禍的人，或是經歷大量被否定、責罵語言的人，還有可能反覆沒有辦法達到父母的期待，覺得這個表現不好的自己，是不被喜歡，甚至不值得存在的人。

若走進這個人的心中，你會發現，這些人的內在往往會有一些很受傷，或被嫌棄的畫面或語言。

例如，她會記得爸爸說：「如果沒有你這個女兒，媽媽就不會氣到生病了。」他會記得姊姊說：「我要不是有你這個弟弟，現在也不會這麼慘。你最好可以消失。」

對很多人而言，即使知道這可能只是在當下情緒高漲，或是在衝突的情境下說出來的話，但仍舊會牢牢地記在自己的心中，成為困住自己的牢籠。

而**這些「被嫌棄」的經驗，就會讓他們在心中相信「我是很糟糕的」**，甚至相信：「如果我消失，其他人或許會更快樂吧。」

（三）找不到存在的意義——找回自由與控制感

第三類的自殺，是想要透過自殺，找回完全屬於自己的自由與掌控感。

因此有人會說：「結束我的生命，這是最後一件我能為自己做的決定。」怎麼說呢？有許多孩子，在成長的過程中，並不能夠按照自己想要的方式成長。一有情緒，他們就會被責罵；一有自己的主張，就會被指責太過自私、背叛家庭、對長輩不禮貌。在身體上，他們每天下課之後就要回家，不能到處亂跑；在心靈上，除了考試、念書，當個乖孩子之外，其他事情都「太危險」，所以不能做。

在這種身心都被禁錮的情況之下，他們的靈魂，會慢慢地枯萎與凋零。

在這種被壓迫的情況之下，一個孩子的自我就會慢慢地被壓縮。有的孩子，會透過叛逆、與父母衝突，或者展現一些心理問題來求救，以爭取一些自我的空間。但有些孩子，並沒有辦法衝破這些枷鎖。

又或者我也聽過很多例子，孩子的外在表現高成就，但這表現是被父母的要求「逼」出來的。例如爸媽是醫生或老師，覺得自己的孩子也應該承襲家裡的優良傳統。不過，孩子雖然有「能力」可以做到父母的要求，但孩子隱隱約約可以感受到，自己做的這些事情，不是為了自己，完全是為了父母。

孩子的一生，都只是空殼，都只是為了別人而活。

因此，有些孩子會在完成了最後一張外在的學業成就表現之後說：「好，那我要走我自己的路了。」」這是相對健康的做法，但也有人說：「在我畢業的那一天，我就要結束自己的生命。」希望用這種極端的方式，讓自己自由。

因此「自殺」，就會變成是一種極端地，獲取自由與控制權的方式。

《你的孩子不是你的孩子》一書裡，有一篇〈媽媽的遙控器〉，內容是媽媽買到了一個可以遙控孩子的遙控器。一開始，媽媽覺得如獲至寶，並且逐漸依賴遙控器的效果；而孩子，從一開始的順從，到後來為了反抗媽媽對自己的控制，做出一件又一件愈來愈失控的事情，甚至結束自己的生命……在〈媽媽的遙控器〉故事中，完全體現了這種悲哀的過程：拿自己的生命，博取一點點，屬於自己的自由。

第二節、暴力

另一個我很想談的主題，是暴力。無論是我們很常聽到的「家庭暴力」或「親密暴力」，或者是社會上，鬥毆、尋仇、無差別殺人，都有一種強大的毀滅性存在。

一、家庭暴力

（一）暴力，是創傷的傳遞

首先談談家庭暴力。暴力的形式有很多，無論是身體上具體的毆打，或者是言語上的貶低與否定，又或者是並非親身經歷，但「目睹」也會帶來影響（我們稱之為「目睹家暴兒童」）。甚至近年來，也把「忽視」視為是一種暴力，而它對孩子的傷害與影響力，完全不亞於前面幾種。

而暴力，是一種創傷傳遞的過程。首先，一個孩子，若從小被言語或肢體暴力的對待，他會在這種被傷害的過程中，感覺到很多的恐懼與失控：「我不知道我說這句話，會不會帶來一些糟糕的結果？會不會又被打？……」「媽媽今天又跟爸爸吵架了，媽媽會不會到最後又受傷了……」「我看到的大人，好像一生氣、講話一大聲，家裡就開始又要變得一團混亂，就開始會有很多失控與糟糕的事發生……」

有些家暴者，則是「貫徹始終」，一直都是個難以接近、易怒的爸爸，所以漸漸地，孩子也會長出一種與這種爸爸相處、應對的方式。

但有些家暴者，他不總是那麼「壞」，有時他也會有「好」的那一面。可能是在沒有喝酒的時候，是個溫柔的爸爸；或是在今天贏錢、工作順利時，還是個會買零食給自己的爸爸；或是在打完自己之後，會抱抱自己，幫自己的傷口擦藥的爸爸。但**對有的孩子而言，正是因為這種「不知道今天的爸爸，是哪一種爸爸」，反而讓他們更徬徨無措**。

孩子在這樣一種高壓、痛苦、破碎的經驗下長大，加上若身體是被打的，內在會有一種很強烈的「破碎／斷裂」感，他的內在會長出一個混亂與失控的世界。他會非常痛苦。

當孩子在這種情況下長大，他的身體變得愈來愈有力量，慢慢地，他可能從挨打的份，到可以與爸爸互相對峙，甚至，有一天可以「打贏」爸爸。

孩子腦袋裡的想法也會變得愈來愈健全與完整，因而感到很痛苦，因為他會慢慢知道，父親以愛為名的教育方式，可能是錯的；原來爸爸在他的生活中，也是個魯蛇；原來，爸爸並不是永遠都是對的。

但是在心裡，他可能還是困在那個小時候擔心、受怕的心情裡……

（二）認同加害者／施暴者[1]

重點是，**在孩子的心中，一方面很「恐懼」使用暴力的人；但一方面，或許是需要權威，或許是在尋找力量，孩子也會開始「認同」加害者。**

這時候，當一個孩子完全長大，變成一個大人的時候，他的內在會分裂成兩個部分。一個是，當初被暴力對待的小時候的自己；另一個是，充滿力量的施暴者。只要有拳頭、有高漲的情緒、講話比較大聲，就能讓身邊的人聽自己的話。

把「認同」這部分說得更仔細一點。我們所認同與複製的，不只是「暴力」、「情緒化」……這些我們很討厭的部分，**我們也認同了父親在暴力背後的情感，例如自卑與無助**，那些「總是用憤怒與暴力，掩飾自己內在的自卑」，以及那種「我明明知道這樣不好，但我卻不知道還可以怎麼改變的無助」。

這就是為什麼，許多人小時候被這樣糟糕的對待，他們最痛恨情緒化或使用暴力的那個爸爸。明明在自己心中下定決心，不要變成那個最討厭的爸爸的樣子，但卻還是會在某些時刻，可能是談戀愛的時候，也可能是當父母的時候，複製了爸爸的樣子。

而這種「認同」，在某種程度上，是在心理與父母很深很深的一種連結，一種「尋父／尋母」的渴望。

與此同時，**也是創傷之所以一代傳一代的過程，是一種對家族痛苦與宿命的忠誠。**

二、衝動控制障礙：把「壞」投射出去

社會，是家庭的延伸。從家裡的暴力，延伸到社會的暴力，同樣都有為了掩飾自己的自卑，而用憤怒武裝自己的部分。

而會在社會上出亂子的人，絕大多數都有在成長的經驗中，沒有好好地被對待的經驗。

什麼叫做「好好地被對待」？**當一個孩子心中感覺到受傷、挫折、憤怒的時候，理想狀況是，有一個養育者可以告訴自己：「你現在不開心啊，我了解了。」或是「那麼，我陪你玩玩遊戲、說說話……」**在這個過程中，孩子心中的負面情緒自然而然會好一點。

重點是，**透過這個過程，孩子會感受到他的心裡像是鋪設了一個緩衝墊，或者是培育了一個內在的「容器」，讓孩子在下次遇到同樣糟糕的經驗時，不至於馬上崩解或碎裂，而有一些能力，與這種糟糕的感覺待在一起一下下，而不至於被淹沒或吞噬。**

但若少了這種「好好被對待」的經驗，那就會讓一個孩子，每當遇到一些不如意的事時，他整個人的內在可能就會瓦解，因為他身體裡裝負面情緒的容器，已經瞬間滿出來。

而其中一種「滿出來」的表現方式，就是當一個人遭遇到挫折、挑戰、貶低的時候，馬上會被大量的情緒捲入，甚至退化回到像是小嬰兒的狀態。開始攻擊自己，或攻擊身邊的人。

攻擊自己，可能就陷入憂鬱與自我挫敗中；而攻擊別人，就是心中感受到了一種糟糕的感覺，可是他又無法面對這種感覺，於是他就將這種「壞的感覺」丟到其他人身上，**覺得是別人有問題。覺得「不是我壞，是別人太壞，是別人傷害了我」，這樣子想，可以讓他自己覺得好過一些些，但他也失去了真正認清現實、認識自己的機會，甚至創造出更多的傷害**。

而這種「心理容器」滿出來／破掉的過程，是沒有「緩衝」時間的。也就是，你一感覺到不如意，在某個你管理不了自己的情況之下，你就會做出一些很衝動的行為，例如打人家一拳、砍人家一刀，我們稱之為「衝動控制障礙」。

而社會上的暴力，大多都有「衝動控制障礙」的特色。在這種情況背後，也大多都有著前文所提的「沒有被養育好」的過程。

他們在成長過程中累積了很多憂鬱、無助、自卑等脆弱與糟糕的感受，但卻很難被大多數的人理解與發現。

第三節、霸凌

第三個想談的是霸凌，無論是在學校，男孩的肢體霸凌或女孩的關係霸凌，或者出了社會，也有職場霸凌，這些都是某一種創傷的展現。

一、尋找代罪羔羊

首先，**霸凌的核心，是在一個集體中尋找「代罪羔羊」。大家把整個團體裡最糟糕、最脆弱的部分，放到這個人身上。**

舉例來說，當班上的班費失竊時，老師問：「是誰偷走了班費？趕快自首，我就不追究。」

在大家沉默不語之時，老師又說：「是誰，你們自己心裡面有數！」

這時，大家都在心裡默默地想著某一個同學。這個同學可能是在班上，名聲最差、風評最差、最被大家討厭，或被視為「麻煩人物」的那個人。

至於這個人為什麼會被「選中」，變成那隻羊？表面上的原因，是他過去有很多「糟糕」的紀錄。但更深層的原因，還是與他心理有一些「創傷」的特質有關。在團體的無意識中，裡應外合地，選中他。

二、團體的情緒出口、創傷的承載者

被霸凌者，有的時候也是成為這整個團體的情緒出口，創傷的承載者。

這是什麼意思呢？讓我來講一個我小時候很喜歡的冷笑話。

有一個探險家到南極，他遇到了一百隻企鵝。探險家非常好奇這群企鵝平時都在做什麼，於是他開始問這些企鵝。

首先，他問了第一隻企鵝。

探險家：「企鵝啊，企鵝，你平時在南極都在做些什麼啊？」

企鵝：「吃飯，睡覺，打東東。」

探險家很好奇，什麼是打東東，所以又跑去問了第二隻企鵝。
「企鵝啊，企鵝，你平時在南極都在做些什麼啊？」
企鵝還是回答：「吃飯，睡覺，打東東。」
探險家不斷地問了每一隻企鵝，每隻企鵝都給了一樣的答案。
直到最後，探險家問了一隻企鵝
「企鵝啊，企鵝，你平時在南極都在做些什麼啊？」
企鵝這時回答：「吃飯，睡覺。」
探險家這時就好奇了，他問：「為什麼你沒有打東東？」
這時企鵝回答：「因為我就是東東。」

而這個「東東」，就是這個團體的情緒出口、團體的代罪羔羊。我也聽過一個朋友的例子。

朋友曾經在一所私立學校就讀。那所學校的老師，採取高壓管束，甚至有大量的體罰。這對當時是青少年的他們而言，完全沒有自己的自由與空間。

而且學校有非常鮮明且強烈的學長姊制。對於年級比自己高的學長姊，學弟妹必須給予非常極端的尊重，甚至服從。

這所學校雖然規定如此嚴格，但卻有大量的、沒有原因的霸凌事件發生。他自己也被欺負與霸凌。但他在升上高年級之後，他也成為會欺負、霸凌別人的人。而他對此，感到非常的不解與愧疚。

後來我與朋友討論，或許在那所學校的每個人，大家都集體處在一種很高壓的情境底下，**大家都重複著創傷，同時又想辦法在這些創傷中存活下來，於是透過這種彼此霸凌的方法，尋找情緒出口**。

體制壓迫個人，而個人在集體中尋找自己的出口。

但畢業之後，朋友與老同學相聚，他們卻像是打過同一場戰爭的戰友一般，感情非常好。與此同時，他們也集體「淡忘」當初的那些痛苦，還用一種很開玩笑的方式，提著當初自己霸凌與被霸凌的經驗。他們用笑容面對那些面對不了的傷。

三、因未知而恐懼

如同前文所說，整個團體就像是一個創傷的磁鐵，會搜索並掃描著那些潛在可能被霸凌的對象。這些對象因著自己的內在有一些創傷而相呼應，因此被「選中」了，我稱之為「裡應外合」。

把內在的這些創傷，外化成一切具體可見的外在條件或社會條件，就會發現他可能是，同性戀、身心有殘缺者、單親家庭的小孩、外籍配偶的小孩、犯罪者的小孩等。

當然，某些成績好的好學生可能也會成為被霸凌的對象，因為他的外在成就表現雖然好，但那是掩飾他內在的一些不安與破碎。其實資優生很多時候不知道怎麼與人建立關係，內在也是破碎的，而整個團體也會很聰明地挑選到有這種特質的人。

一方面是團體無意識地挑選代罪羔羊，另一方面，大家也對這些人有大量的未知以及恐懼，進而想要把這些「未知因素」剷除。

回顧歷史，中世紀歐洲的獵巫行動，又或者是傳統部落的獻祭，也都是這種因未知而恐懼，但實際上是團體無意識在剷除與消滅代罪羔羊的過程。

四、總結：創傷傳遞的過程

總結上面的幾個例子，若用一個大一點的觀點，可以發現很多的「社會問題」，其實都與整個社會的大系統有很大的關係。

而微觀到個體層面，你會發現，前文提到的每一種負面情緒，包括情緒七宗罪，那都是生而為人自然會有的正常反應。

但是會讓這些負面情緒變得暴烈、失控、充滿危險，還是與一個人從小沒有被好好地對待，累積了一些家族或社會的創傷，而那些「恐懼、憤怒、憂鬱、焦慮、羞愧、嫉妒、絕望」，就會聯手起來，像鬼魅一樣，囚禁一個人的內心，讓這個人承受很大的痛苦。

1 上述是以「爸爸」為例，但是媽媽，甚至爺爺、奶奶，也都可能成為那個使用暴力的人。此外「打罵」，只是其中一種展現暴力的方式。某種程度上，頻繁地爭吵或嚴重的情緒勒索等等，任何引起強烈情緒張力的事件，廣義來說，也都是暴力或創傷。

第五章、情緒急救手冊

第五章、情緒急救手冊

前文從情緒的重要觀念，到解析七種重要的暗黑情緒及各自的解套方法，再談到情緒隔絕，也延伸舉出一些暗黑情緒衍生出來的社會問題。在本書的最後，我想提供給大家幾個整體性的、大方向的，針對暗黑情緒的建議。

其中，有一些大觀念的提醒，也有一些更加通用在所有暗黑情緒上的因應策略與技巧，比起前文的覺察、分析、練習，來得更加快速與短速，但不見得比較無效（**短效的緊急包紮與長效的培養自我覺察，兩者需要互相搭配**）。

但我也想提醒大家，以下這些方法，比較偏向緊急包紮的過程。若你想真正安頓自己的情緒，還是需要好好了解自己的情緒，對症下藥。當然，緊急包紮也是重要的，否則失血過多，可能還沒治療，就傷重不治了。

一、拒絕失控的正向思考[1]

「拒絕失控的正向思考」，並不是鼓勵你耽溺於負面情緒，更不是說正向思考不好，而是不在自己明明心情不好時，還勉強自己或「佯裝」自己有正向思考或情緒。

布林克曼（Svend Brinkmann）是丹麥奧爾堡大學的心理學教授，他認為快樂並不是人們碰到各種大小事的最佳解方，更糟糕的是，如果假裝維持正向情緒，反而會讓情感出現障礙。

其實這個道理並不難理解，因為「情緒」本來就是應對著相呼應的外在刺激而產生。你失敗了，自然就沮喪，你被冒犯了，自然就生氣，你遇到陌生的事，自然就害怕，而你做得順利，自然就快樂，**情感本來就是自由流動的**。

但**當你明明就處在負面情緒時，卻硬是要勉強自己快樂起來，這其實是一種壓抑**。

但在過度強調／誤解「正向心理學」的妙用，在過度強調「你可以成為你自己的主人」或是《祕密》提到的吸引力法則，要讓自己一直想著快樂的事情，有時反而會成為對自我的壓力與負擔。

本來糟糕的事情，就會引發你糟糕的情緒；好的事情，就會引發你好的感覺。**情緒沒有對錯、沒有好壞，我們要做的，就只是「如其所是」地經驗、使用你當下的感覺即可。**

二、無條件接納自己的情緒

回到最前文曾經提過：**「接納」是讓情緒自然消退，唯一，也是最有效的方法。**

如其所是地去體驗自己的所有感覺之外，無論如何，都不要為自己有任何的感覺，而感覺到抱歉或羞愧。**無論你擁有什麼情緒，千萬不要因此去批判自己。**你甚至可以嘗試在自己有任何情緒時，直接告訴自己：「我現在很ＸＸ（生氣／難過／憂鬱／焦慮／嫉妒……）這些就是我很真實的感覺，沒有任何問題的。」

真正要學習調整與改變的，只有表達與使用情緒的方式。

接納自己的情緒，其中一個方法，就是「把情緒當成是你的好朋友，聽聽看它想告訴你什麼訊息」，也就是回到我們這本書所提到的，你會產生相呼應的（負面）情緒，一定會有它的理由與用處，所以與其去壓抑這些感覺，不如好好地去認識這些感覺，甚至歡迎這些感覺。

而這也是為什麼我幾乎整本書，都在詳述每個情緒的機轉以及優劣，甚至連「情緒隔絕」背後都有其正面意義。這些情緒與機轉一定在某些時候或情況，曾經或現在帶給你或大或小的幫助。而我們要做的，不是去壓抑與否定這些情緒，而是試著相信你的情緒。

讓暗黑情緒，當你內在的心靈導師。

三、有意識地轉移情緒——模式中斷法

當然，有時你沒辦法盡情地去經驗或表達自己的情緒，例如在工作場合，在某些企業文化底下，你沒有辦法表達自己真正的感覺，例如說真話、表達不滿；或是在面對權威，例如父母或老師時，雖然你真的很生氣，但是一旦頂嘴，可能會帶來更多的麻煩。有時，的確不能那麼暢所欲言。

（一）壓抑 vs. 轉移

但是，這仍舊不代表你需要去「壓抑」自己的情緒。

壓抑與轉移是不同的。「壓抑」是你在心裡覺得這個感覺不好，你不希望，也不允許自己心裡有這個感覺，或者用喝酒、成癮行為等，想要「逃避」自己面對這些感覺的經驗。

而「轉移」情緒，是讓自己暫時不糾結在某一件事情，或某一個感覺上，而把注意力放在「其他」事情上，就像是「白熊實驗」裡，要你不想白熊的時候，你可以想想紅色的車子。

其實人生中大多數的事情，往往是沒辦法真正「解決」的。例如，人無法死而復生，分手

的男友沒有辦法再復合，考完不盡理想的成績，沒辦法重新再來一次，還有曾經發生在自己身上的創傷與痛苦……那些經驗、那些感覺，可能到目前為止，都還是停留在自己的身上，無法離開。

所以，我們並沒有要「解決」所有的事情與困難。

但是在我們為自己找到出口的那一天之前，我們還是可以繼續往前走的。

●

有時當我們很氣一個人的時候，我們會忘記或感覺不到他曾經對我們的好。有時當你受挫的時候，你會感覺被整個世界遺棄，但是忘記上個禮拜才與好朋友在咖啡廳裡說說笑笑，或是沉浸享受在某一部熱愛的影集裡。

所以，**記得發生在自己身上，那些曾經且貨真價實的美好，也提醒自己，雖然現在的自己有些悲慘，但悲慘不會永遠存在。**

負面情緒就像迷霧，一時讓你失去方向，這時，你只要停下來，然後不要做重大決定，等待迷霧過去。就像壞天氣，雖然淋得全身濕，但總有轉晴的一天。

（二）模式中斷法

許多人的痛苦，並不是負面情緒本身，而是對於自己的痛苦，覺得無窮無盡，覺得無法終止自己的痛苦。

當你不小心跌倒了、受傷流血了，你會痛，但你不會太憂心、無助，因為你知道，你漸漸地會痊癒。但很多人心理受傷的時候，會很焦慮、慌張、恐懼，因為對你來說，負面情緒總是無窮無盡，而你對它也總是無能為力，只能任其擺布。

痛苦的核心，是對痛苦的無能為力。因此，**能夠「暫時離開」負面情緒，是一件很重要的事情。心理學有個技巧叫做「模式中斷法」**[2]。

想像今天你在工作上有一件事情出了差錯，你不斷想著：「要是我當初能夠更仔細一點，那現在就不用處理這些爛攤子了。」然後再回想主管在大家面前大發雷霆的樣子，覺得自己真的是丟臉丟到家。

騎車回家的路上，寒風刺骨、陰雨綿綿，你覺得人生工作了好幾年，也沒有闖出什麼名堂，每天只是在都市叢林裡載浮載沉，你突然不知道活著的意義為何。

回到家裡，包包一丟、外套一脫，你癱軟在沙發上。這時家裡的貓衝出來，喵喵叫了幾聲，你原本想是不是飼料沒了，結果貓跳到沙發上，輕輕地走到你的腳上坐了下來：「原來是在撒嬌啊～」你微笑摸著貓咪柔軟的毛，突然有一種很放心、很安心的感覺。

此時，你一時興起，拿起手邊的逗貓棒，逗弄了貓幾下。看著貓賣萌的樣子，突然覺得：「其實人生的美好，也不過就是如此吧。」

接著，你起身，去沖了個熱水澡。你閉上眼睛，感覺所有的煩憂都隨熱水流到排水孔裡，今天一整天的壓力，也隨之慢慢淡忘。

此時想起剛剛騎車時的寒風刺骨與陰雨綿綿，覺得要不是有前面一整天的辛苦，或許現在的放鬆也不會這麼地幸福吧。你在臉上泛起一抹淡淡的微笑。

上面的過程，說明了什麼是「模式中斷法」。原本你非常沮喪、挫折的心情，會導致你不斷在腦海裡檢討自己。但是回家之後，跟貓玩、洗熱水澡，打斷你原本的負面思考模式與情緒，你轉而去處理其他事情。尤其是撫摸貓、洗熱水澡，這些感官性的接觸，能有效地轉移自己在腦袋裡的思考模式。

不過，**你也可以有意識、主動地引發模式中斷**。

例如，對很多人而言，「一夜好眠」就是個很棒的模式中斷法；有人則喜歡透過「洗澡」

轉換心情；也有人喜歡投入到藝術創作裡；更有人喜歡去慢跑半小時，讓自己爆汗，或在家裡附近的公園走走。我自己則是喜歡看電影。這些都是非常好的模式中斷法。

讓自己「有意識」地去從事這些事，而這些都是幫助自己從原本負面情緒的泥淖，轉移到其他的重心。

不過，有很多個案會問我：「心理師，這難道不是逃避問題嗎？」「我真的不管原本這些情緒，沒有問題嗎？」

第一，當你深陷在情緒裡的時候，其實你仍舊是什麼事情都做不了的，也並沒有辦法真正地對症下藥、就事論事地處理你的問題。

而且**當你不斷「複習」著那些最痛苦的回憶**，或者是腦袋裡那些負面思考的時候，**其實那往往並不是事實，而是自己的恐懼**。

你以為當你「想得愈多，就對這件事情愈有控制感」，其實你反而是被情緒給控制住。

所以，問題當然需要被解決，但**解決問題前，必須要把要解決問題的這個「自己」給照顧好**。

第二，也需要看看你的習慣模式。若你很容易遇到事情就躲到電玩裡，或許就有比較高的機率是「逃避」，而不是「照顧自己」，但若你總是太過習慣負起責任，把所有的事情、情緒都攬在自己身上，覺得事情沒有解決就不善罷甘休，那麼，你反而需要幫助自己「暫時脫離」現在的情緒與困境，打破原本的習慣。

雖然問題沒辦法馬上被解決，但是當你對你自己的痛苦，有一定程度的影響力時，這其實反而是為自己的情緒負起責任，你也比較不會對自己的負面情緒那麼地無能為力。

四、痛苦承受力（Distress Tolerance）——降低自我傷害的五個練習[3]

（一）痛苦承受力的原理

痛苦承受力發展是「辯證行為療法」[4]。有些人在巨大壓力之下，會出現自我傷害，例如酗酒、吸毒、投入危險行為（如飆車等）、言語或肢體攻擊自己與別人、自傷、自殺、衝動行為。這些行為都是在身心超出負荷狀態，也就是前文提到超出「容納之窗」的「過度激發」反應。不過，通常你會在做出這些事情之後，感到更加痛苦、後悔。

因此在這裡，我將引用DBT（辯證行為療法）中「痛苦承受力」的概念，幫助你透過五個練習，短暫地忍受、度過痛苦，而不會做出進一步的自我傷害行為。

所謂的「短暫地忍受痛苦」，並不是要你喜歡、接受、鼓勵你待在痛苦裡，更不是對於痛苦投降與屈服。「痛苦承受力」的概念，不是要「減少痛苦」，而是透過直接改變自己關於情緒的生、心理機制，改變「你與痛苦之間的關係」，意思從**「我很痛苦／我整個人浸泡在痛苦裡」**，變成**「痛苦雖然還是在，但讓我與我的痛苦保持一小段距離，我可以讓這個痛苦，不那麼嚴重地影響我」**[5]。

當你安全度過「痛苦的尖峰」，雖然令人痛苦的事實與感受還在，但你的心理空間暫時能夠容納一些超出負荷量的壓力。

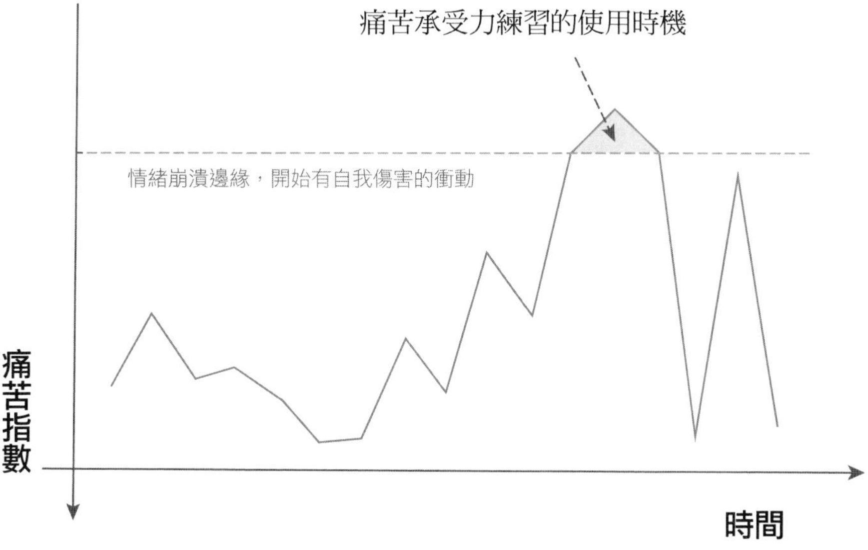

（二）使用時機與注意事項

★「痛苦承受力」的練習，適用在痛苦的高峰期。在情緒崩潰邊緣時使用，效果最為顯著。

★這些練習，讓痛苦「暫時」處於可忍受的範圍，但切勿過度依賴這些方法，否則會變成是逃避問題。如果要真正解決問題，還是必須正視你現在的困難，以及搭配其他更針對問題的因應之道，例如改善溝通、提升能力、面對問題等。

（三）五種方法

在五種痛苦承受力的練習法裡[6]，原理大致上分為「改變情緒的生理機制」、「轉移注意力」以及「自我安撫及放鬆」這三大面向（如下圖），以下將介紹五種方法：

改變情緒的生理機制	轉移注意力	自我安撫及放鬆
・高強度有氧活動 ・深吸慢吐	・替代自我傷害的其他發洩（例如握冰塊或「畫出」自己的傷口） ・數數字	・誘發感官（利用五種感官：視、聽、嗅、味、觸）自我安撫

※ 改變情緒的生理機制

1高強度有氧運動

其實有氧運動本身就會改變你的生理機制。運動會刺激大腦分泌腦內啡，我常說腦內啡就是大腦純天然的自製嗎啡，沒有副作用、不用花錢，可以直接從自己身上取得。運動也能夠刺激多巴胺的分泌，多巴胺俗稱快樂激素，能夠提升注意力，增加幸福感。

也就是，只要運動，你的生理機制，就會產生改變，直接對你的大腦產生作用，改善你的「身／心」狀況，基本上就有一種「強身保健」的效果。

運動本身就很棒，而「高強度」有氧運動，我覺得某種程度上也是一種「宣洩」。我身邊有很多朋友，很喜歡去上戰鬥有氧的課程，或是有長跑的習慣。他們覺得跑完很「爽」，有一種宣洩的效果。我讀大學，失戀時，就曾經在下雨天，在操場上狂奔，跑到自己筋疲力竭。我也聽過有人失戀會徹夜打籃球、練投籃。

除了宣洩之外，前文提到，很多人會迴避憤怒，因此我們的「攻擊性」是被壓抑的，所以當我們用高強度的方式釋放能量，那也是某一種較能被社會接受的能量釋放。

當然還是要注意，別因為過度的運動，讓身體超過負荷，甚至造成運動傷害，否則就真的變成變相自虐了。

有一個簡單的標準是，當你憤怒、煩躁、激動的時候，可以做高強度有氧運動二十至三十分鐘，讓心跳到達百分之七十的最大運動心率。估算最大運動心率的方法是：最大運動心率＝220－年紀。

例如，若你是二十歲，百分之七十的最大運動心率為：（220－20）x0.7＝140，所以你可以做到大概一分鐘一百四十下心跳的運動強度。在這樣的標準之下，你就不會不小心過度使用你的身體。

2 深吸慢吐

你會呼吸嗎？你會深呼吸嗎？我幾乎在所有與情緒相關的講座時，都會帶領大家做深呼吸。我在接許多憂鬱，尤其是焦慮的個案時，一定也會在某些時刻，教導個案深呼吸的方法。而在大家實際體驗後，大約有七成以上的人，可以在當下感受到自己非常明顯的改變。但也有許多人，怎麼樣也找不到方法，甚至「吸不到」空氣。

深呼吸的方法很多，流派也很多，有的是透過瑜伽、太極拳等運動，有的人會加入冥想，想像著用呼吸按摩自己、有一道療癒的光……

以下，我介紹對我來說最簡單的呼吸方法。捨棄腹式呼吸，也捨棄冥想，只是最單純的「好好呼吸」。當然，若你有一套屬於自己的呼吸方法，只要有效，那也很好。

＊「深吸慢吐」的技巧與重點提醒

首先，找一個安靜、不被打擾的空間（建議不要放音樂），調整身體的姿勢到你最自然的狀態。接著，若你覺得安心，你可以輕輕地閉上眼睛，讓自己完全安靜下來。三十秒後，再開始深吸慢吐的練習。

在「深吸」的階段，讓空氣在肺部裡，像氣球一樣脹大，等吸到最飽滿的臨界點，稍微停一秒鐘，把氣吐掉。

在「慢吐」的階段，緩緩地把氣吐掉。同樣吐到盡的時候，稍微停一秒鐘，再用「身體自然的反應」，自然的吸氣。

在這過程中，我建議**你可以帶一點點「身體的覺察」**，例如：「當我吸氣的時候，我可以感覺到空氣經過我的鼻子邊緣，感覺到空氣的溫度與濕度，經過我的氣管，來到我的肺部。感覺我的肺部被空氣脹滿，有一點點緊繃的感覺，還能夠感覺到心臟微微地跳動。吐氣的時候，感覺我的肺部、身體，漸漸地放鬆、癱軟下來，讓我整個人的力量，往下沉。我整個人的重量，彷彿被放到沙發上，被放到地板上。**我感覺自己的身體被沙發、地板，完整承接住。**」

在這過程中，有幾個重點，與大家分享：

★ **深吸慢吐的重點在於「慢」，而不在於「深」**。大多數的人會建議壓力大的人「深呼吸」，但這個說法容易帶來誤導。因為當你呼吸很「深」，一不小心呼吸得「太快」，反而會引發「過度換氣」；但當你「慢」下來時，才能真正地帶來放鬆與平靜。

★ 有的人在吸氣與吐氣的時候，呼吸很「淺」。其實在吸氣「吸到最飽滿」與吐氣「吐到盡」的那個臨界點，還可以再多吸一些空氣，或多吐一些空氣。**讓自己的呼吸往前多推一吋，這也是可以幫助你更完整地深呼吸的小技巧**。

★ 一般來說，很多人會把深呼吸的重點放在「吸氣」，但我認為**重點更應該放在「吐氣」上**。你可以想像，當你把一些骯髒的廢氣（象徵著負能量）排空之後，才有辦法吸進新鮮空氣（象徵身體正能量）。所以若你發現，你的吸氣吸不太到空氣時，建議你可以先從「吐氣」開始。

★ 大多數的時候，吐氣的時間會比吸氣還要長。很多人會一口氣「呼」地把空氣吐掉，那感覺比較像是「嘆氣」。實際上的「慢吐」，應該讓你的吐氣像是絲線一樣，輕輕、慢慢地吐乾淨，淨空。有些人會建議「吸氣四秒，吐氣八秒」，一次大概十二至十五秒，一分鐘大概可以做四至五次。

以我自己的經驗來說，我認為**深吸慢吐的速度愈慢愈好**，我自己做一次完整的深吸慢吐，往往是三十秒起跳：十秒吸氣，二十秒吐氣。基本上，只要做五個輪迴，不到五分鐘的時間，我的焦慮、憂慮、不安的情緒，馬上消除大半。

★有些人會有點擔心自己「做錯」，因此在過程中，就中斷自己的呼吸，重新找自己呼吸的感覺。但**若你要調整呼吸的做法，我建議盡可能不要「中斷」**。

如果，一開始你的深呼吸就只能五秒鐘，那麼就好好地讓這五秒鐘，完成一個完整地吸氣與呼氣的循環。在這個循環中，漸漸地放慢速度即可。因為**一旦你「中斷」自己的呼吸，重新調整，其實就會讓你的大腦中的「對錯」，凌駕於身體的自然感受**，這樣，反而會失去找回身體感覺，直接調整身體能量的目的了。

最後，我想說，**深吸慢吐的目的，與其是「放鬆」，倒不如說是幫助你「找回與身體的連結」**。因為大多數人的困擾，往往是你過度使用身體的能量，或是大腦過度運作，因此，當你把注意力放回到你的身體感官、你的呼吸時，自然會達到放鬆的效果。

但為什麼要強調「找回身體的感覺」，而不是「放鬆」呢？因為很多人對於「放鬆」會有一些想像，例如點精油、泡澡、放輕音樂，甚至會不小心在腦袋裡不斷對自己說：「我要放鬆，我要放鬆……」但這**反而會有太強的目的性，所以單純地專注自己身體的感覺，幫助反而最大。**

另外，深呼吸也能直接降低壓力賀爾蒙，啟動安定我們心情的「副交感神經」，對「焦慮」的情緒幫助最大，對改善憂鬱的效果也很好，且沒有任何副作用，更適用於焦慮型的失眠。許多人常常會在做完深呼吸慢吐之後，馬上開始打呵欠、想睡覺。這是我五顆星推薦的方法。

※轉移注意力

在極度痛苦、情緒崩潰的時候，很多人會過度關注痛苦，因此能夠轉移注意力，找到其他的因應方式，是非常重要的。

3替代自我傷害的其他發洩

許多人會在極度痛苦時，嘗試透過生理上的痛苦來減緩心理上的痛苦，例如自殘、撞牆、燒燙自己等方式，但**卻造成後來對自己更深一層的否定，甚至因為要隱藏這個傷害自己的事實，而更感覺羞愧**。因此，找到替代自我傷害的相對安全方法，是很重要的。

①握冰塊

我常建議有自我傷害，甚至自殺念頭的人「握冰塊」。握冰塊可以讓自己感受到類似凍傷的「痛覺」，但卻又不會真正地在自己身上留下永久性的傷痕。而且當你要尋找「哪裡有冰塊」的過程中，那也是一種轉移注意力的方式。

②不會真的留下傷害的替代痛覺

若你有自我傷害的衝動時，請先拿橡皮筋彈自己，或用指甲掐自己（但避免真的掐破皮），這些雖然也會帶給你痛覺，但是比起自殘，比較不會留下永久性的傷痕。

我在自序裡曾提過，我在青少年時期，有一段非常憂鬱、痛苦的日子。那時候，我會透過「咬自己」，在自己身上留下齒痕，來宣洩某些痛苦。這也是一種不會真的留下傷害的替代痛覺。

③「畫出」自己的傷口

這方法看起來有點荒謬，但卻有莫名的效果。當你想要自殘的時候，你可以用紅色的顏料，畫出自己「流血」的感覺，甚至用黑色的筆，畫出被針線縫合的感覺。

這麼做的好處是：

第一，可以讓你感覺自己「好像」在受傷，但實際上，並沒有真的受傷。

第二，或許你為了要「畫畫」，在過程中，也無形中轉移了注意力。

第三，在心理意義上，你正在「創造」自己的傷口，但是這個傷口卻是「沒有帶來真正的傷害」，其實這也是能夠增加對自己的掌控感的。

④不與他人互動的情況下，發洩對人的不滿

有很多人不敢表達自己真正的感覺，是因為怕傷害到對方，或者是擔心別人怎麼看自己，而必須「用力地壓下」自己的感覺。所以若你是在「不與他人互動」的前提下，那麼，基本上，你就不用擔心你的行為會帶給別人困擾或傷害。

在概念上，就像是以前我們常開玩笑說的「草人插針」，或者你也可以在心裡「咒他一萬遍」，或者你把討厭的人畫在氣球上，然後再戳破，或者在紙上寫下對這個人的不滿之後，再丟到垃圾桶，又或是在一個沒有人的地方、無人的海邊，你盡情大吼大叫，這都會有一定的效果。

重點是，**在做這些事情時，千萬不要想著「天啊，我怎麼會有這麼邪惡的想法」**，這樣，你反而會在做完這些事情之後，感覺到滿滿的罪惡感，而是要想：「**我對他本來就有這些真實的感覺，我有這些感覺，並沒有錯。更重要的是，我並沒有讓這些感覺，變成真正傷害這個人的行為。我其實是在保護對方，也在保護我自己。**」這麼做，才會有效。

當然，你也不必覺得自己這種「失態」的樣子很「失控」。畢竟，上述的這些方法，都是

在我推薦之下，你「選擇」去做的，一種「安全」的方法，所以是沒有問題的。

⑤ 用力地哭

很多人擔心自己一旦「哭」，就會停不下來，所以常常會強壓住自己的情緒。但實際上，你可以讓自己好好「用力地哭」，沒有保留地哭。**當你什麼都不管的時候，好好讓自己哭一場的時候，哭泣反而能漸漸停下來**，甚至在生理上，也會降低你的壓力賀爾蒙。

同樣地，你在哭的時候，你需要做的，就只是「好好地哭」。若你一邊哭，一邊想著：「我怎麼可以一直哭，我好脆弱，我這樣好糟糕……」反而會帶來反效果。

4 數數字

許多人轉移注意力的方式，是看書、看電視、打電動、滑手機，因為對大多數的人來說，這些行為除了平日比較熟悉外，它們其實也都帶有一定「強度」的刺激，容易吸引你的注意力。

然而，這麼做，有一個風險在於，可能你透過這些方式，又會誘發一些新的感受，例如看新聞時，看到政治局勢的動盪，反而引起你的不安。玩手機時，不小心遊戲打輸了；滑臉書時，看到別人的生活怎麼那麼幸福，自己相較之下，如此悲慘。又或者，你眼睛看著電視，但腦袋裡還是不自覺地想著那些讓你痛苦的事情，這也會讓你腦內的自我反芻，不自覺地發生著。

所以，**若你想要轉移注意力，我認為「數數」是一個非常簡單分散注意力的方式**。你可以在你情緒高漲時，從1數到一百，或從一百數到1，如果不夠的話，就加碼到一千。甚至如果能夠用「寫」的寫下來，效果會更好。

在夜市裡，有一種遊戲，如果你能在六百個格子裡，不做任何修改，也不間斷地從1寫到六百，那麼，你就可以得到獎賞。這個遊戲不限時，但真正通過的人其實很少。因為這遊戲需要高度專注，正因為它的高度專注，但又非常簡單，所以能夠有效地幫助你轉移注意力。

從數數衍生的一些概念，包含你可以去數路邊的車子數量、戴眼鏡的人數、周遭有幾棵樹，或是從一百依序減3，數到想到停止為止。

※ 自我安撫及放鬆

5 誘發感官

前面反覆地提到，人是非常容易被腦袋裡的胡思亂想給左右，甚至**很多的情緒都與自己腦袋裡，不斷複習一些負面思考、創傷畫面與話語有關**。由於「白熊效應」，你很難直接要自己「停下來，不要想」，尤其在情緒很低落的時候，因此建議你，把注意力轉移到沒有思考的

「感官」上。

這個方法，在第二章關於「憂鬱」與「焦慮」情緒的自我照顧方法中，也有提及，就是鼓勵大家做一些「不用腦」的事。以下將更詳細地說明。

你可以從你的五感開始：視、聽、味、嗅、觸。

①視：

視覺對大多數的人而言，是最強勢的感官，因此從視覺著手，容易上手，但也比較容易落入原本的習慣。

具體方法是，你找一些喜歡的圖片，然後讓自己像科學家或藝術家一樣，你非常專注與投入地觀察圖片上的某一朵花，包含它的紋理、色澤、質感等。

胡嘉琪心理師在《從聽故事開始療癒》中，提到「解凍333」的方法，是指在你很混亂的時候，「找到三樣東西，分別給這三樣東西，三個形容詞」，例如：

A遙控器：黑色、很輕、很多按鈕。

B杯子：透明的、上面有小刮痕、可以裝水。

C音響：會發出聲音、有木頭紋路、扁平的長方體。

如果你的心情非常混亂，你甚至可以讓形容詞變得更加簡單，例如包包：有咖啡色、黑色、灰色。**有時候練習愈簡單，效果反而愈好**。

② **聽**：

有時，我很喜歡聽雨聲、車子呼嘯而過的聲音，或電風扇運轉的聲音，這些都能夠帶給我一種平靜的感覺。很小時，我就會特別去找大自然裡蟲鳴鳥叫的聲音，或海水拍打在海岸的聲音，因為它們能讓我感受到平靜。

或者最近很流行「白噪音」，就是持續發出一些穩定的聲音，這反而能讓你忽略其他更煩人的聲音，當然，你也可以更進一步，非常仔細地去聽這些聲音的細節。

但切記，聽覺的體驗，最好不要在「睡前」練習，因為很容易過度放大你對於聲音的感受。

③ **味**：

現在大多數的人，總是吃飯配著手機，很少「認真專心地吃飯」。但實際上，味覺是我們很常忽略的感官，非常值得我們去體驗。

之前曾有業者推出「無光晚餐」，便是強迫去除視覺這個強勢感官，讓你完全投入在「味覺」上，以提升你對於食物的體驗。

④ 嗅：

嗅覺是可以直接連結到大腦情感記憶的感官。有時當你聞到你最喜歡的洗髮乳，或者衣服上熟悉的洗衣精味道時，都能夠瞬間讓你感到安心。市面上有很多「香氛療法」，都要價不菲，但其實背後的原理，就是創造出一個完全、純然的感官體驗，讓你可以暫時忘掉煩憂。

不過，嗅覺所連接到的記憶，與你第一次的情緒記憶往往很有關係。例如，小時候有一款香水叫做明星花露水，我自己很喜歡這個味道，因為那會讓我想起奶奶的慈祥與溫柔；但身邊卻有很多人討厭這個味道，因為會讓他們想起在學校被罰打掃廁所的痛苦回憶。一旦，當某種味道與某個情緒記憶結合在一起時，有時就不容易被取代了。

所以，如果你想要用香氛療法來舒緩身心，你可以找一個已經有好的情緒記憶的味道。若是要創造一個新的正向情緒記憶，那麼，我會建議你找一個陌生的味道，並且創造出屬於這個味道的第一個正向情緒記憶。例如當你在香氛療法的課程上，跟著老師冥想、放鬆，等之後你回家聞到這味道時，就會想到當天放鬆的舒暢感。

⑤ 觸：

觸覺也是我非常重視的。在我們都還是嬰兒時，我們就曾體驗過「撫摸」，那是非常安慰人心且療癒的。舉凡有養寵物的人，可以摸摸寵物的毛髮，這也是「寵物治療」療效很重要的其中一環。另外，泡澡、擁抱、細心地為自己擦乳液、騎車吹吹風等等，也都是一種很直接、快速的自我照顧。

最近幾年有一項產品叫做「重力毯」，它是透過一條大重量的棉被，大約是你的體重的百分之十，在你躺著的時候，有一定的重量落在你身上，藉此降低壓力皮質醇的分泌，以及促進血清素分泌，因而達到放鬆、舒緩身心，以改善憂鬱、焦慮、睡眠障礙等等。

講得浪漫一點，我覺得**這些「觸摸」，都是讓你「像是回到小時候，在媽媽的襁褓中，被擁抱著」的感覺**。

⑥ 正念——從一顆「葡萄乾」開始

無論是學習正念，或完形治療時，我們常常透過「葡萄乾」來做練習。有時候一顆葡萄乾，就可以吃二十分鐘。

或許你會想，怎麼可能一顆葡萄乾就吃二十分鐘？其實這個練習，就是應用了上面提到的所有感官。

一開始，你先把葡萄乾拿在手上，「看一看」（**視覺**）葡萄乾的顏色、紋路、形狀；接著，用手感受一下葡萄乾的重量，「捏一捏」（**觸覺**）它的質感、彈性；之後，「聞一聞」（**嗅覺**）它的味道、香氣；然後放到嘴巴裡，但先不咬破，用舌頭感覺一下（**觸覺**、**味覺**），也可以放到嘴巴的不同部位；接著咬破葡萄乾，讓它的甜味釋放出來（**味覺**），慢慢品嚐它的各種味道；最後「吞下去」（**觸覺**），感覺葡萄乾經過食道的感受。

這樣的練習，其實是有效地喚醒你身體的各個感官，找回你與自己身體的連結。

（四）小結

我們可以把上述的幾個方法，做幾個分類：

第一類，是直接透過一些「身體」的調整，改變你的生理機制，進而改變你的心理狀態，舉凡深呼吸、運動，都是這個範疇。這些生理的改變，都有科學實證研究的支持，也可以明顯感受到效果。

第二類，比較偏向轉移注意力，例如數數字、誘發感官，記得前文提到的「白熊效應」嗎？當你想著紅色的車子（轉移注意力的新目標）時，其實就可以減少想到白熊（讓你煩惱的事情）的機率。

第三類，是紅色警戒時期使用，在你真的要忍受不了時，用替代自我傷害的其他方式發洩，能幫助你暫時度過痛苦的高峰期。

當然，我再次強調，**上述這些方法都是「救急」的方法**。如果你必須大量地使用這些方法，以克制自己自我傷害的衝動（無論像是自殘——具體的自我傷害，酗酒——慢性自我傷害，大量停止不了的自我批判——心理的自我傷害），代表你已經在黃色警戒區，我建議你找專業人士協助，找心理師晤談或尋求前往身心科，並視情況服藥。只透過「痛苦承受力」的這些方法，是遠遠不足的。

最後，我想邀請你，感謝你自己，願意為自己讀完這本書。或許痛苦不斷地來，但帶著信念，找到正確的方法，我相信，你也能夠找到與你的暗黑情緒共處的方式。

[1] https://dq.yam.com/post.php?id=7361。

[2] https://womany.net/read/article/15726。

[3] https://psychtranslation.com/2018/10/05/痛苦承受力-distress-tolerance。

[4] Linehan，2014；McKay, M., Wood, J. C., & Brantley, J. (2010)裡的概念。

Linehan, M. (2014). DBT® skills training manual. Guilford Publications.

McKay, M., Wood, J. C., & Brantley, J. (2010). The Dialectical Behavior Therapy Skills Workbook: Practical DBT Exercises for Learning Mindfulness, Interpersonal Effectiveness, Emotion Regulation And Distress Tolerance. New Harbinger Publications, Inc.

[5] https://psychtranslation.com/2017/09/24/認知脫鉤defusion：與負面想法共存/）。

[6] 痛苦承受力Distress Tolerance：降低自我傷害的十個練習。https://psychtranslation.com/2018/10/05/痛苦承受力-distress-tolerance：降低自我傷害的十個練習/?fbclid=IwAR3noYAKdjRZQZAwLriyr0YcYKxww3Mdwtowr1qkoJQoYoJaZhmCU_3exk/。

【特別企劃三】

我的親友不願意去諮商，怎麼辦？

諮商的基本觀念（一）

「我覺得我跟我的老公婚姻出了問題，但我老公不願意去諮商，還說那是有病的人才去看的。」

「我的室友說他想自殺，我覺得他好像生病了。每次聽他說話，我都壓力很大，但我不知道怎麼開口，要他接受幫助。」

「我的小孩都不去學校上學，可以請心理師來家裡跟孩子談話嗎？」

「我覺得我們家最有問題的，其實是我媽。如果她不要控制欲那麼強，我們大家也不會這麼痛苦，心理師，拜託你，可以叫我媽改一改嗎？」

「孩子的防備心很重，你可不可以跟他說，你只是個跟他聊天的大哥哥，他可能會比較願意說話……」

「我們公司裡有一個麻煩的員工，他常常脾氣很暴躁，我們覺得他心理有問題，我們公司出錢要他去諮商，他也不願意，覺得是被公司針對……」

最近這幾年，諮商在社會上的接受度漸漸提升。在我們諮商所的經驗中，漸漸有愈來愈多的人願意把這當作一個自助助人的資源，也想推薦給身邊的人。但在這個「邀請」的過程中，遇到了一些困難。

以下，想與大家用三篇文章，分別談談幾個面向：

第一，諮商的基本觀念。

第二，不願諮商的常見信念。

第三，如何邀請的具體建議。

首先，先談談諮商的基本觀念。

一、諮商必須要當事人有意願

很多人對諮商的想像是：「我有一些困擾→心理師給我一些建議與技巧→我的問題被解決」。我稱之為「販賣機式的諮商」，也就是給了錢，投了硬幣，就會有飲料。

在這樣的想像裡，往往把心理師想像成一個全能的存在，過度理想化了諮商或心理師。當然有些時候，諮商的確能夠給一些明確的答案或建議。也有少數的人，是談了兩三次之後，盲點被看見，任督二脈被打通，就知道回去之後該如何自助。

但這種奇蹟式的改變，非常少見。大多數的時候，諮商並沒有辦法給你特效藥般的改變。而是諮商師與個案兩人，都在某種程度的困境中，一起掙扎，一起努力，一起想辦法找路突破。

有人會說：「為什麼沒辦法直接告訴我該怎麼做呢？」「難道心理師經驗這麼豐富，就不能給我一個正確的建議嗎？我會努力去做，這樣我就會好起來吧！」

我的回答是：「因為每一個人都是獨一無二的。」

每一個人的資源，以及每個人的困境，也都是獨一無二的。

所以心理師需要花一些時間認識你，才知道用什麼方式陪著你，最適合你。

當然心理師的角色很多元，心理師有時像是教練，提醒，甚至教育你；有時像是智慧老人，幫你點出盲點；或像是個陪伴者、聆聽者，陪著你在困境中前行；有時候像是你的爸媽，讓你又愛，甚至讓你又恨，讓你重新再當一次小孩。而兩人其實就是在這諮商關係中，掙扎，並一起想辦法努力前行的。

話說回來，正因為那是個案與心理師兩個人「一起同行」，而非「心理師好棒棒，給了好建議，個案就神奇的改變」，所以個案本身的相信、投入、冒險、嘗試、修正諮商方向，也會變得非常重要。

在這樣的比喻中，簡單整理以下幾個重點：

◎諮商並不是特效藥，而是一段逐漸改變習慣的成長旅程。
◎諮商必須在當事人「有意願改變」的前提之下，「為自己」負起改變的責任。
◎諮商沒有一套絕對的SOP。而是心理師認識每一位當事人，雙方共同討論、努力，才能找到最適合當事人，具個人化的做法。

回頭看看前面例子中，那些要先把當事人「騙過來」，甚至「假裝自己是大哥哥」，這種在「當事人不知情」的情況下，讓他進行諮商，是絕對行不通的。

所以，怎麼邀請沒有意願去晤談的當事人去諮商，也就變得格外重要。

二、邀請的困難，是你了解對方的切入點

接著，我們談談如何「邀請」沒意願的人去諮商。

在我的經驗裡，「邀請」這件事，之所以會很困難，大概分成兩大原因：

第一，是對於諮商本身的不理解、想像，進而造成排斥。

第二，是對於你「邀請」的方式，產生反感。

我主要想談的是第二部分，不過，或許你會發現：「邀請當事人去諮商的困難，正是你們平時互動的困難。」

怎麼說呢？大多數的人想要邀請身邊的人去諮商，不外乎就是看到一個人受苦，很想幫忙他；但更多的是：「這個人讓我很困擾，如果他改變了，我就不會這麼痛苦了。」

所以很容易在我們與這個人談話，請他去諮商時，不自覺地就會傳遞出一種感覺：「是你有問題，所以你需要改變」。

但沒有人喜歡被當成是「有問題」的人。而且，當一個人感覺到被指責時，自然就會升起防衛心，這是人的自然反應。

例如，當媽媽對孩子說：「你脾氣很差，你要不要去諮商，改一改你的壞脾氣？」

孩子一聽，覺得被媽媽指責，關起房門，不想再跟媽媽說話，更不用談後面要介紹給他的諮商。

太太對先生說：「你不要一遇到問題就逃避，這樣怎麼解決問題？不然這樣好了，我們去找婚姻諮商師，你把問題說出來，我們一起解決。」

先生聽了，頭也不抬地繼續滑手機。

因為先生害怕，諮商只是多了一個人指責自己哪裡又做錯了，而自己是那個「要被改變、有問題的人」。這也是他平時與太太溝通時，最不舒服的點。

或許，你語氣極盡溫柔，盡可能地不讓對方有壓力，但是你**那種「我想幫你」，容易給當事人感覺「你需要被幫助」，也容易產生「我高你低」、「我沒問題，你有問題」的感覺，這都是有可能讓當事人覺得不舒服的。**

或許你會在這個「邀請」的過程中，感覺到挫折。但有沒有可能，那是因為你邀請的方式，無意中讓對方升起了防衛心，反而讓對方更不願意接受你的建議？

當然，這並不是要指責你，或怪你做得不好。反過來，順著這樣的思路，我反而是想幫助你去思考，透過一個人「不願意」來諮商的理由，反而成為你了解對方的一個切入點。

所以當你在「邀請」的這個舉動中遇到困難時，別灰心，或許這是讓你可以正視問題的第一步，也是你們開始改變的起點。

後面，我將會舉出幾個不願諮商的常見信念，幫助你理解大家是怎麼想的。或許我們就能很巧妙地避開這些「地雷」，更順利地邀請身邊的人接受諮商。

三、小結

諮商必須是要在當事人有意願的情況下，才能夠接受服務。

當被邀請的人不願意改變時，先退後一步，看看這一份「不願意」，並讓這份「不願意」成為開始改變的起點。

親友不願意諮商的常見困境（二）

為什麼「不願意」去諮商呢？可能有以下幾種原因：

一、我去諮商，是不是代表我「有病」？我會不會好不起來？

最近這幾年，大部分的人比較可以接受心理諮商，覺得是一個健康的求助方法，然而也還是有一部分的人，對於「心理諮商」仍有一個污名、負面的想法：「別人會怎麼看我？」「會不會覺得那是有病的人才會去看的？」「諮商會不會留下不良紀錄，影響未來找工作？」等等。

這與早期大家聽到「精神科」的感覺很像，早期很多人談到「精神科」（註1），第一直覺反應是：「那是神經病的人在看的」。

先就實際層面回答。目前自費的心理諮商，不會進入健保系統（當然若在醫院使用健保資源的晤談，可能就會有紀錄）。諮商也有保密協定，沒有經過當事人同意，其他人／機構是沒有權力得到你的晤談資料，當然也不會影響到你的工作。

接下來就心理層面回答。有些人很怕諮商，是因為很怕自己「生病」。我們極力想把「疾病」與「我」切開，因為我們對「生病」很恐懼。

當我們感冒，我們不會太擔心，因為我們知道感冒會好。

當我們跌倒破皮，雖然會痛，但也不會太擔心，因為我們知道傷口會癒合。

也因為我們有很多次感冒康復，受傷痊癒的經驗。

但如果我們得癌症呢？我們可能就會開始擔心，因為我們不確定癌症會不會痊癒。

回到心理生病，由於我們社會對情緒教育的漠視與不理解，我們往往不清楚心理生病，其實是會「好起來」的。我們不知道好起來的路長什麼樣子，所以會害怕：「如果我心理生病了，會不會就好不起來了？」

對於未知，我們會恐懼。對於恐懼，有些人就會選擇迴避，可以暫時先不面對，不去煩惱。

你知道有很多人不敢做身體檢查嗎？

那就像是，如果你最近一直咳嗽，身邊的人怕你得癌症，要你去檢查身體，但你一直拖著，因為擔心如果被診斷出來真的是癌症，你的擔心就「成真」了，那該怎麼辦。

在心理上，也常見這樣的想法：「我覺得我跟我先生已經沒話聊了，也不太講心事，但是……很多結了婚的伴侶，不也都是這樣嗎？或許我不該太過小題大做。」

其實當事人的心裡並不是真的覺得沒問題，而是擔心，若把兩人婚姻的傷口揭開了，會不會收拾不了？

這種因為害怕而迴避的心情可以理解，但迴避問題反而可能延誤了治療時機。

簡單來說，**怕自己心理生病，其實就是「怕被貼標籤」以及「怕好不起來」**。

但心理生病，並不可恥。心理也會有小感冒，如果及早治療，反而能夠更早、更有效地得到更好的幫助。

在我心中，一個願意面對自己的困難與無助的人，才是真正的勇敢。

二、我去諮商，代表我很「糟糕」?!

怕諮商＝生病，可能是怕被貼標籤，或是怕自己好不起來。

但還有一點很類似的是，會覺得「我去諮商＝我很糟糕」。

也就是「改變自己」常常會與「羞愧感」綁在一起。

我想有一部分的原因是，在我們的文化裡，存在著「恥感文化」。

在恥感文化中，我們總是用「你很丟臉、你很糟糕」的方式，來教育一個人。

例如小孩子哭的時候，我們會說他：「哭什麼，羞羞臉。」

在一個人考試考差的時候，我們會跟他說：「你看你，就是不認真、上課不專心，才會考得不好。」

父母的本意可能都是要孩子更勇敢，或是考試成績更好。

但你有沒有發現，我們「幫忙／教育一個人的方式，總是讓他先感覺到糟糕，甚至羞愧」。

久而久之，我們已經習慣了。在讓自己變得更好之前，我們會先意識到「原本的自己有多糟糕」。

這會導致，我們一方面非常想要讓自己進步、改善自己——這是很好的動力。但當我們在面對自己、認識自己的不足時，緊接在後的是大量的「羞愧感」：「我是不是不夠努力、心裡太脆弱、抗壓性太低……」——這樣的我「好糟糕」。

所以很多人為了想要避開這種：「我很糟糕」的感覺，就容易拒絕別人的幫助，迴避面對自己的困境，也就不願意透過諮商來改變與幫忙自己。

其實，我們可以把心理諮商當作是一種「學習」，就像你學烹飪、插花、學英文般，學習一種技能。

「情緒管理」、「人際相處」，不也是一種軟實力，一種重要的能力嗎？

你會因為學英文、學烹飪，而覺得自己很糟糕嗎？

不會吧。我們反而會為自己的「積極」而感到喜悅、驕傲。

我認識很多非常願意提升自己的個人或夫妻，他們為了想讓自己過得更幸福，或做「結婚前的關係健檢」而來，所以為更好的未來做好準備，大有人在。

再者，我常覺得，能在情緒、關係、面對痛苦上……這些人生的議題修練好，這是可以帶在自己身上一輩子的生命禮物。

所以，如果你想要透過諮商來幫忙自己，請對自己說：「這樣的我，願意面對困境的我，願意尋求資源幫忙自己的我，是很棒、很勇敢的！」

三、我不討厭諮商，但我討厭你對我說的方式

第三個常見的心情是，當事人不喜歡的不是諮商本身，而是被介紹去諮商的「過程」。

很多時候，「被建議」要去諮商的人，其實感覺「不是被幫助」，而是「被指責」，甚至是「被強迫」。

（一）被指責

在我們平常的文化中，很容易「用責罵的方式表達關心」。

例如，我們常聽到這樣的說法：

「你真的是情緒很有問題。你要不要去諮商，改一改你的脾氣？」

「你都不去上學。你未來的人生該怎麼辦？」

或許說話的人，是在表達對這個人的關心與擔心，但聽的人，卻很容易感覺不舒服。

當然，這種表達除了與說話的習慣有關之外，一定也多少混雜著長期對於這個人的挫折、失敗感、不滿、憤怒，所以也很希望若對方有一些改變，自己就可以輕鬆一點，否則，自己就真的快要支撐不下去了這種迫切感與危機感。

但在這種「建議」之下，其實很容易讓當事人興起防衛心態。

（二）被強迫

我在學校工作過一段時間，在學校時，常常接到大量的「非自願案主」，也就是很多被抓去晤談的學生，不是因為自己想談，而是「被要求」來的。一般來說，這種晤談的立基點就已經建立在一種「被勉強」的前提之下了。

因此，在這種「被強迫」的關係中，被要求來諮商的人，可能心裡早就百般不願意。坐下來的時候，什麼話都還沒說，就擺著一張臭臉，甚至會有一種隱藏的反抗心態是：「如果我照你的意思改變了（例如：去諮商了、變好了），代表是不是我又要失去我自己的自主權、受控於你了？」

你注意到了嗎？這一類的人，精確地來說，他抗拒的其實不是諮商本身，而是這個互動帶來的感覺：「如果我照你的意思接受了諮商，是否代表我真的如你所說的這樣糟糕？代表我又要被你控制？代表我輸了？」

所以，如果你想要讓他接受諮商，需要先改變的是，你跟他溝通的方式。而這部分，會在下一篇文章更詳細地提到。

四、去了也不會有用——習得性的無助感

很多人會抱持著「諮商無用論」。這一類人一直以來，不相信別人，比較相信自己，覺得人生遇到的困難，只有自己能幫得了自己，所以不相信「只是聊聊天」，怎麼可能會有幫助。也就是，有些人對於相信／依賴一個人，是有障礙或是恐懼的。

當然，會有這種恐懼一定是因為，這個人在過去嘗試要依賴一個人幫助自己時，得到的不是支持與照顧，反而是忽略、否定、批評、謾罵、利用、失望等。所以當他要透過心理諮商，或依賴心理師時，反而會興起許多不安。

也有一類人，可能真的對自己的問題感到很絕望。有的人的絕望在於，覺得自己所遇到的問題，是不可能被改變的，例如過世的父親不能死而復生；也有可能在長期的情緒困擾、從小到大的家暴陰影、一次又一次的失戀與被傷害中，反覆困擾與挫敗，到最後不相信自己有機會被幫助。

我們把這種「不可能變好」的感覺，稱之為「習得性無助感」：我們「學到」，無助、無望、無用，才是常態。放棄努力，或許可以避免下次的失望。

然而這種「沒有用」的感覺，不就正是阻礙你過得更幸福的道路嗎？

因此，如果「去諮商也不會有用」的感覺盤旋在你心中。或許，這正是你可以試試看諮商的理由。

五、太貴了……

這的確是一個非常現實的問題。一般來說，自費諮商常見的收費在兩千元／五十分鐘上下，是最常見的收費水平。誠實來說，的確是需要有一定收入水平，才能夠接受的服務。

所以如果真的有經濟上的考量，建議可以先從一些免費或低價的資源開始著手找起（註2）。

但是，有時候當一個人說「太貴」的時候，並不是這個人真的在經濟上負擔不起，更多時候，「經濟」只是一種「我不想諮商」這個心態的一個擋箭牌，因為它很「現實」，所以不容質疑，也巧妙迴避內心那個「還沒準備好」的擔憂與恐懼。

在此，也分享一個數據，我聽過一個說法：「一般來說，諮商費用占一個人總收入的四分之一至三分之一，能夠達到最佳的效果」。白話來說，其實付出不低的費用，反而會讓一個人，更有動力地為自己做出改變。

六、小結——改變，從了解抗拒開始

我總說，你無法改變一個你不了解的人，更沒辦法影響一個與你沒有信任關係的人。

我並不打算太快地告訴你，怎麼樣「有效成功邀請一個人」來諮商，而是先跟著你一起看：「為什麼一個人『不願意』來諮商」，而當你帶著這份理解去認識一個人時，或許這才會是開始的第一步。

邀請親友諮商時的具體建議（三）

接下來讓我們談談，邀請不願意的人去諮商時，一些具體的建議與做法。

一、站在對方的角度思考「不願意」

在「希望你去諮商」這個動作背後，本意是希望當事人可以得到幫助，但當事人會因為過去的經驗，被翻譯成不同的意思，如前面兩篇文章所說，可能會被理解為：

↓我是有問題的、我是弱者。

↓我是要被強迫、被控制的。

↓你覺得我是個麻煩。

↓諮商不會有用的，沒有人幫得了我。

所以在邀請對方諮商時，首重避開地雷，也就是避開指責性或焦慮性的表達，進而發展出一種「合作」的態度。

（×）：我覺得你有問題，太過情緒化了，最好去改一改你的壞脾氣。

（○）：我覺得我們最近的溝通出現一些問題，如果你願意的話，我希望我們可以一起面對。你對我來說，是很重要的人，我希望我們能夠一起去找諮商師，找方法，改善我們的關係。

再來是，邀請一個人諮商時，可以試著先「站在對方的角度，並且讓他知道，你懂他」，所以就你對他的了解：「你會不會覺得去諮商很丟臉／很花錢／很尷尬／好像代表你有問題／諮商不會有用／聽到我跟你談這件事情，就覺得壓力很大？」透過「了解」他的「不願意」，慢慢讓他相信，你懂他，而你願意跟他一起面對困難。

我常說，你沒辦法改變一個你不理解的人。而「希望對方去諮商」，本質上就是要改變。所以若你希望達到這目的，你必須先傳達出「我了解你」的態度。

甚至，如果對方說：「對啊，會擔心。」你先不要急著糾正他的想法，例如對他說：「不會啦！你擔心太多了。」你反而可以多停留在對方擔心的心情裡久一點，例如你說：「我第一次去諮商的時候，也有這種擔心。」或「聽說很多人跟你一樣，其實都很猶豫……」這樣的說法會讓當事人覺得自己的擔心很常見、很正常，也會比較安心。

當對方態度比較軟化之後，或許你可以再補上自己個人的經驗與看法，例如：「但是，我去諮商後，過得比較快樂，我也希望你可以過得更好。」「我自己沒做過諮商，但我覺得諮商現在是很常見的事情。在我心中，找個方式去幫忙自己，是一件很健康，也很勇敢的行為。」

請注意，在這裡表達對諮商正面的看法，雖然與原本當事人的擔心與顧慮剛好相反，有一點點說服的味道，但這裡的表達，是站在一種「分享我自己的感覺」的角度，而不是「改變對方的角度」。這種「我訊息」的表達，比較不會讓對方興起防衛心。

二、直接、清楚、簡要表達你的期待

第二個我想提醒的重點，是在你表達你希望對方去諮商的「期待」時，盡可能地「清楚表達」。

為什麼呢？有一些人在邀請對方去諮商時，問題不在於太過直接而傷到對方，反而是因為怕提出期待，會給對方壓力，講話變得過於迂迴、閃躲。這種講話不直接的態度，反而會讓人覺得你話中有話、心裡有鬼、詞不達意。尤其當你愈焦慮，愈容易為了避開你心中的顧慮，一不小心把一個簡單的提議，講得很囉嗦、冗長。這種表達反而容易造成對方的壓力，更增加了溝通的困難。

所以我建議，如果你想建議身邊的人接受諮商，只要直接、清楚、簡要、就事論事地表達自己的想法與擔心，還有邀請的意願即可。

例如：「老公，最近我覺得我們常常吵架。不吵架時，氣氛也很僵。我不喜歡這個樣子，但我也不知道該怎麼辦。最近，我聽說有朋友去諮商，感覺好像還不錯。你願意陪著我去試試看伴侶諮商嗎？」

「兒子啊，最近我看你常常不開心，而且常常跟弟弟吵架。看到你們吵架，我就覺得很煩惱。我最近有找到一個覺得還不錯的老師，跟他聊天，覺得滿有幫助的。你願意跟那個老師見一次面，試試看嗎？」

寧可講話清楚直接，但長話短說，也不要語焉不詳、迂迴閃躲，反而讓表達變得冗長，甚至變成有壓力的說教。

如果真的擔心對方會有壓力，可以偷偷觀察一下，當你簡短提出這個邀請時，對方的表情與反應是什麼。如果發現對方有些猶豫，再詢問他的感受，關心一下對方的心情即可。

三、告訴對方「你有拒絕的權利」

承上，你在清楚表達自己的邀請之後，也可以告知對方，對方有拒絕的權利。

我常說，**要讓一個人「願意」之前，必須先尊重他有「不願意」的權利**。

有時，我們不敢提出我們的想法，是因為我們怕我們的想法，造成對方壓力，甚至不小心變成壓迫、控制對方，破壞關係。但其實，要減少這種強迫、給對方壓力的感覺，我們只要讓當事人知道，「要不要去諮商，是你的選擇」，傳達出一種「尊重」（對方可以拒絕）的態度，就比較不容易給對方壓力了。

所以在提出建議對方去諮商的邀請之後，你可以再補上一句：「這是我的想法，你可以再想一想。」「我覺得這可能是個不錯的機會，但你有你的想法，我過兩天再問問看你，你不用急著回答我。」這種「以退為進」的態度，反而會讓對方感覺到更多自由、空間與力量。

當然，這份尊重，一定是發自內心，帶著一個「每個人只能為自己的選擇負責」的信念。也就是，我們也要打從心底很清楚地知道，一個人願不願意幫助自己，讓自己好起來，是他自己的選擇，我沒辦法為別人的選擇負責，才不會把自己的焦慮或挫折，變成給人壓力的催促。

四、降低現實因素的阻撓

當然，在某些情況下，並不是意願問題，而是找不到方法與管道。因此，直接降低現實的因素，或許是更直接、有效的方法。

舉例來說，對於不善於使用電腦的長輩，可以把諮商相關的資料列印出來，讓長輩看一看、熟悉一下，或是在確認長輩有意願的情況之下，直接幫長輩打電話，或填寫預約表單（註3）。又例如，對於一些經濟上有考量的人，可以幫他尋找免費或是健保給付的資源（註4）。

或是在自費諮商上，你幫他計算諮商的費用：「如果兩個禮拜談一次，一個月大概四千元。如果談半年，大約兩萬多元，大概一趟小旅行的費用，這樣的費用，對你來說是負擔得起的嗎？」

當然這裡有個小小提醒，建議在預約諮商的過程中，最好還是可以讓當事人有部分的參與。例如填寫預約表單的時候，可以兩個人一起在電腦前面，你唸著題目，他回答問題，你幫他代填。或是，你幫他準備好電話號碼，甚至自己已經先與諮商所了解預約諮商的流程後，但仍舊請他「自己與諮商所聯繫」。

這麼做的好處：第一，兩個人可以有一種「合作」、「一起努力」的感覺；第二，當當事人願意為了自己的困難付出一些努力時，心理上也漸漸地在幫自己做一些暖身與準備，也提高了接受諮商的意願。

五、自己先成為「被諮商」的那個人

最後，如果前面所有的方法，全部都失效，對方就是不願意去諮商，也千萬別氣餒。我建議，你可以「先成為那個被諮商的人」。這麼做有三個好處。

第一，與心理師討論邀請的困難，提升溝通技巧

第一個實質幫助，是諮詢心理師，怎麼邀請身邊的人去諮商。當然在這過程中，往往不是只有學習講話技巧或話術，而是更深入地了解你們彼此。換句話說，你的「邀請他來諮商的困難」，極有可能直接折射出平時你們的困境。

例如，當你邀請你的老公來做伴侶諮商時，老公可能就會拿起手機，說不想談這件事情（拒

絕溝通）。當你再跟他說下去時，他就開始對你生氣，說：「為什麼每次你都要逼我做我不想做的事。」而你也覺得受傷、生氣。兩個人自然沒辦法繼續對話。

這時候，我們一方面學習怎麼說話與溝通，能讓對方更容易接受我們的建議；另一方面，其實我們也更了解彼此發生了什麼。

第二，個人改變，關係就會改變

關係塑造了個人，個人也可能影響關係。當個人改變，關係也有可能會跟著改變。

當你開始接受諮商／諮詢時，或許你也會發現，他的問題，原來影響你那麼深，讓你那麼痛苦。可能，你也過度在乎了對方，把對方的事情當成自己的責任，或者自己心中也有某些「痛點」，讓你特別難以接受對方的某些反應，讓你格外痛苦，而這些痛苦，可能也是你需要修練的部分；又或者，漸漸地你會發現，你也有一些需要被幫忙或是調整的地方。

最重要的是，有可能你平時在與當事人互動的過程中，也或多或少地累積了許多壓力或情緒。所以有些時候，先與心理師談談，或許能有效地先消化你心中的不舒服，恢復一點你的能量，才有機會思考下一步。

有趣的是，當我建議你，你自己也可以來諮商時，你可以關注一下自己內在的第一反應。或許是：「有問題的是他，又不是我，為什麼是我要去找心理師談呢？」

你發現了嗎？這話不就與你在邀請對方去諮商時，他心中的想法很像嗎？

其實當你出現了「我才不想要成為那個先改變的人」的這種想法時，或許你就已經開始非常深刻地在經驗，一個要接受諮商的人，心裡可能會出現的抗拒想法。

請你相信，當你自己改變時，關係也會跟著改變。

第三，以身作則——示範效果，一起面對

最後，如果你自己先去諮商，你們就有機會用行動告訴對方：「面對自己，尋找幫助，並不需要羞愧」，而當你先於他，接受幫助的時候，也更有機會可以讓對方感覺到：「我們是一起努力，一起面對」。

六、小結

改變從來就不是一個人的事情，而是「我們」的事情。

這一系列文章，從諮商的基本觀念，到不願諮商的常見信念，到如何邀請的具體建議，三個部分，寫得有點長，目的是盡可能書寫得詳盡，希望透過比較細緻地分析與建議，讓大家能夠「在改變對方之前，嘗試先了解對方」，更可以「改變，先從自己做起」。

做心理諮商並不是幫助一個人唯一的方式，但諮商的確是幫助我，讓我自己過得愈來愈幸福的重要關鍵，也希望，我們能陪著你、你們，走這一段不容易的改變之路。

1：現在大多數的精神科都改為「身心科」，一部分原因也是要降低大家對精神科的污名。

【新書簽講會】

邱淳孝（心曦心理諮商所所長與心理師）

《闇黑情緒——接納憤怒、憂鬱、焦慮、嫉妒、羞愧、絕望、恐懼，你會更茁壯與強大》

2019／10／19（六）

主講人：邱淳孝（心曦心理諮商所所長與心理師）

主題：闇黑情緒——接納憤怒、憂鬱、焦慮、嫉妒、羞愧、絕望、恐懼，你會更茁壯與強大

時間：晚上7:00-9:00

地點：TABF Bookstore

（臺北市羅斯福路三段62號）

洽詢電話：(02)2749-4988

＊免費入場，座位有限

國家圖書館預行編目資料

闇黑情緒：接納憤怒、憂鬱、焦慮、嫉妒、羞愧、絕望、恐懼，你會更茁壯與強大／邱淳孝著.——初版.——臺北市；寶瓶文化, 2019. 10
面； 公分, ——（Vision；186）
ISBN 978-986-406-169-3（平裝）
1. 情緒 2. 情緒管理
176. 5 108015603

Vision 186
闇黑情緒——接納憤怒、憂鬱、焦慮、嫉妒、羞愧、絕望、恐懼，你會更茁壯與強大

作者／邱淳孝 諮商心理師
副總編輯／張純玲

發行人／張寶琴
社長兼總編輯／朱亞君
資深編輯／丁慧瑋
編輯／林婕伃
美術主編／林慧雯
校對／張純玲・陳佩伶・劉素芬・邱淳孝
營銷部主部／林歆婕
財務主任／歐素琪 業務專員／林裕翔 企劃專員／李祉萱
出版者／寶瓶文化事業股份有限公司
地址／台北市110信義區基隆路一段180號8樓
電話／(02) 27494988 傳真／(02) 27495072
郵政劃撥／19446403 寶瓶文化事業股份有限公司
印刷廠／世和印製企業有限公司
總經銷／大和書報圖書股份有限公司 電話／(02) 89902588
地址／新北市五股工業區五工五路2號 傳真／(02) 22997900
E-mail／aquarius@udngroup.com

法律顧問／理律法律事務所陳長文律師、蔣大中律師
如有破損或裝訂錯誤，請寄回本公司更換
著作完成日期／二〇一九年七月
初版一刷日期／二〇一九年十月
初版二刷日期／二〇一九年十月七日
ISBN／978-986-406-169-3
定價／三六〇元

寶瓶文化事業 AQUARIUS

愛書人卡

感謝您熱心的為我們填寫，
對您的意見，我們會認真的加以參考，
希望寶瓶文化推出的每一本書，都能得到您的肯定與永遠的支持。

系列：Vision 186　**書名：闇黑情緒**——接納憤怒、憂鬱、焦慮、嫉妒、羞愧、絕望、恐懼，你會更茁壯與強大

1. 姓名：＿＿＿＿＿＿＿＿　性別：□男　□女
2. 生日：＿＿＿年＿＿＿月＿＿＿日
3. 教育程度：□大學以上　□大學　□專科　□高中、高職　□高中職以下
4. 職業：＿＿＿＿＿＿＿＿
5. 聯絡地址：＿＿＿＿＿＿＿＿＿＿＿＿＿＿＿＿＿＿＿＿

   聯絡電話：＿＿＿＿＿＿＿＿　手機：＿＿＿＿＿＿＿＿
6. E-mail信箱：＿＿＿＿＿＿＿＿＿＿＿＿＿＿＿＿

   □同意　□不同意　免費獲得寶瓶文化叢書訊息
7. 購買日期：＿＿＿ 年 ＿＿＿ 月 ＿＿＿日
8. 您得知本書的管道：□報紙／雜誌　□電視／電台　□親友介紹　□逛書店　□網路

   □傳單／海報　□廣告　□其他
9. 您在哪裡買到本書：□書店，店名＿＿＿＿＿＿　□劃撥　□現場活動　□贈書

   □網路購書，網站名稱：＿＿＿＿＿＿＿＿　□其他＿＿＿＿＿＿
10. 對本書的建議：（請填代號　1. 滿意　2. 尚可　3. 再改進，請提供意見）

    內容：＿＿＿＿＿＿＿＿＿＿＿＿

    封面：＿＿＿＿＿＿＿＿＿＿＿＿

    編排：＿＿＿＿＿＿＿＿＿＿＿＿

    其他：＿＿＿＿＿＿＿＿＿＿＿＿

    綜合意見：＿＿＿＿＿＿＿＿＿＿＿＿＿＿＿＿＿＿＿＿＿＿＿＿＿＿

11. 希望我們未來出版哪一類的書籍：＿＿＿＿＿＿＿＿＿＿＿＿＿＿＿＿

讓文字與書寫的聲音大鳴大放

寶瓶文化事業股份有限公司

（請沿此虛線剪下）

廣　告　回　函	
北區郵政管理局登記	
證北台字15345號	
免貼郵票	

寶瓶文化事業股份有限公司收

110台北市信義區基隆路一段180號8樓

8F,180 KEELUNG RD.,SEC.1,

TAIPEI.(110)TAIWAN R.O.C.

（請沿虛線對折後寄回，或傳真至02-27495072。謝謝）